情報I

スライドで見る 全単元の授業のすべて

高等学校

代々木ゼミナール
藤原進之介 監修

代々木ゼミナール
斎藤昴

普連土学園中学校・高等学校
渥見友章 編著

東洋館
出版社

はじめに

　本書は，高等学校の情報科における学習指導要領改訂や大学入学共通テストへの出題科目に追加などに伴い，高校の先生方へ少しでも役立つ教材や資料を提供することを目的としています。本書は，代々木ゼミナール情報科講師の藤原進之介氏とともに，制作に取り組んできました。

　現在，「情報Ⅰ」に関する教材や指導書が限られており，情報科の先生方，とくに数学科や理科との兼任で指導されている先生方においては，授業準備に悩まれたりしているでしょう。予備校や塾の先生たちも他の科目の指導に追われつつ，受験科目として情報Ⅰが加わることで負担が増えていると思います。また，現在の高校で使用されている「情報Ⅰ」の教科書には出版社ごとに内容や表現の仕方が少しずつ異なるという課題も存在しています。教科書の内容がバラバラであることは，混乱を招く要因となっています。本書の制作にあたり，私たちは教科書の違いを意識し，すべての教科書に対応できる教材となることを目標として制作してまいりました。

　最後に，本書の制作に関わっていただいた方々に感謝の意を表します。教育出版株式会社の高井豪人氏，東洋館出版社の上原剛典氏には本書の企画に，代々木ゼミナール講師の藤原進之介氏には本書の監修にご協力いただきました。また，東洋館出版社の石川夏樹氏には編集に関して大変ご尽力していただきました。最後に，東大寺学園中学校・高等学校の吉田拓也氏には，本書の内容校正や改善の提案などでお世話になりました。本書に関わって下さったすべての方にこの場を借りて御礼申し上げます。

　本書が，情報Ⅰの授業をご担当されるの先生方の授業の質向上や負担軽減，生徒のみなさんの情報リテラシーの向上に役立ち，変化の激しい社会で生き抜く力の一助となることを願っています。

※なお，この「はじめに」の素案は ChatGPT により作成しました。この情報技術の進化において行かれないよう，先生方，私たちと一緒に情報のアップデートを日々行っていきましょう。

2024 年 3 月
代々木ゼミナール 情報科講師　斎藤　昴
普連土学園中学校・高等学校 情報科教員　渥見　友章

全国の情報 I を教える先生へ

　中高生が SNS を活用し，あらゆるモノがインターネットに繋がる現代の情報社会において，情報教育の重要性は益々高まっています。メディアリテラシーや情報の批判的分析を学ぶことで，生徒たちはオフラインだけでなくオンラインでの振る舞いを見直し，多様な視点から情報を評価し豊かな人生を実現する能力を身につけることができます。情報 I は単なる大学入試の新科目ではなく，高校生が情報社会の課題に立ち向かい，安全で責任ある大人として成長するための重要な教育ツールです。

　情報 I は扱う内容の幅が非常に広く，内容としては，「情報社会の問題解決」，「コミュニケーションと情報デザイン」，「コンピュータとプログラミング」，「情報通信ネットワークとデータの活用」の 4 つの分野で構成されます。以下に，それぞれの分野の特徴や考察を記します。

第 1 章　情報社会の問題解決

　情報社会においては，情報とデータ，コミュニケーションの基本的な理解が不可欠です。この理解を通じて，メディアの移り変わりやマスメディアの役割を把握し，メディアリテラシーや情報モラルについての知識を深めることが求められます。また，知的財産権や個人情報，情報セキュリティに関する基本的な知識も重要です。サイバー犯罪やマルウェアなどの現代的な問題への理解も不可欠であり，情報技術の進展が私たちの生活にどのような影響を与えるかを考慮することも重要です。

　PDCA サイクルや KJ 法といった問題解決の手法はグループワークのような双方向の授業構成をしやすい分野です。ビッグデータの活用やネットワークの発達によって生活が豊かになる一方で，デジタルデバイドや 知的財産権の侵害のような深刻な問題も発生しており，生徒たちにとって身近な題材として取り扱うと良いでしょう。ただ暗記して終わりではなくて，日常生活においてどのような重要性があるかという観点で授業をすると，非常に意義の大きい授業を構成できると思います。

第 2 章　コミュニケーションと情報デザイン

　情報デザインの分野では，コンピュータの処理のしくみや，文字や音や画像などのデジタル表現について理解することが重要です。アナログとデジタルの違い，ビットによるデータの表現，さまざまな数値の変換方法，文字や音，画像などのデジタル化などが含まれます。また，データの圧縮や情報デザイン，ユニバーサルデザイン，UX についての知識も，情報を伝える上で重要な要素です。

　第 2 章では，データ量の計算問題を扱うことになるので，2 進法や 16 進法の扱い方につまずく生徒のフォローをしつつ，ピクトグラムやユニバーサルデザインといった現代社会において特に重要な知識も強調して取り扱うと良いと思います。

第 3 章　コンピュータとプログラミング

　コンピュータの基本的な処理の仕組みや演算の方法，アルゴリズムとプログラミングに関する基礎知識は，現代社会において必要不可欠です。プログラミングの基本や応用，探索や整列などのアル

ゴリズムや乱数を利用したシミュレーションなど，実践的なスキルを身につけることが求められます。

　第3章では，プログラミングが強調されがちですが，私たちが普段操作しているコンピュータはどのように成り立っているのか，といった根本的な知識を扱いつつ，コンピュータが得意とする処理は何なのかについて生徒に考えさせ，その上でコンピュータにどのような問題解決を命令すると良いか，そのためにはどのようなアルゴリズムを組み立てたら良いか，といった題材で双方向に生徒とやりとりをすると良いと思います。いきなりプログラミングを開始すると，得意な生徒と不得意な生徒とが両極端になってしまうため，段階を踏んで授業を進めると良いかもしれません。

第4章　情報通信ネットワークとデータの活用

　情報通信ネットワークは，スマートフォンやSNSを活用する生徒たちにとって身近な題材ですが，細かい知識が数多く出てくるため，一つひとつの内容を丁寧に扱っていくと良いと思います。回線交換方式やパケット交換方式，プロトコル，インターネットやメールなどの通信のしくみが含まれます。また，通信の安全性を確保する技術，データベースの利用やデータ分析についての知識も不可欠です。

　第4章はネットワークという題名が付いていることから，マニアックな理系っぽい内容だと感じる生徒も多いようです。しかし実際は，ネットワークに関する細かい知識について理解する知識中心の分野です。計算問題はそこまで多くなく，日常生活の中で扱う事象と絡めやすいため，例えばYouTubeのストリーミング配信はどういう仕組みでデータをやり取りしているのかな？　といった問いかけから授業を進めると良いと思います。一方で，大学入試の出題では，得点に差がつくネットワークの考察問題の出題が散見されます。データの活用の分野では，たとえば「相関関係」や「回帰分析」もハイレベルな出題をしやすく，大学受験対策を希望する生徒層にむけて題材にすると有効かもしれません。

　教育現場においては，これらの理論的な内容を実践的な実習や演習に結びつけることで，生徒たちの理解を深め，実生活に応用する能力を育てることが可能です。

　情報Iは，プログラミングが必修になったことで話題になりがちですが，歴史的には，2003年から存在する科目です。文部科学省が重要だと位置付けている情報科目は，学校の教育現場への導入から20年以上経ち，いよいよ大学入試での配点割合が大きくなることで，国の高校生たちも座学として強く意識することになるでしょう。単なる暗記科目や受験科目ではなく，それ以上の価値を提供できるように，私自身，熱意を持って生徒たちと向き合ってまいりたいと思います。

　この文章を読んでくださる皆様に心からの感謝の気持ちを示すと同時に，共に情報科目の指導に真剣に向き合えることを誇りに思います。

代々木ゼミナール 情報科講師
情報科目専門塾「情報ラボ」代表
藤原　進之介

本書の使い方

　本書は，検定済教科書の全13冊を徹底分析した上で，共通テスト対策として，情報科において必要かつ十分な内容を精選し，重要度の高い項目について扱っています。

　また，本書は「情報Ⅰ」の授業をご担当される先生方の授業準備の時間を少しでも減らすことを目的として作成しています。本書の特徴および活用のポイントは，以下の通りになります。

単元冒頭ページ

　単元計画の作成時にご利用ください。見開き左ページには，「単元の目標」，「評価規準」および「指導計画」の例を記しています。

　また，見開き右ページには，「定期テスト作成の方針」を記しています。学校や予備校にて各種問題を執筆や点検を行う者として，問題作成を行うときの考え方や共通テストを意識した出題のポイントについて記しています。

先生方におかれましては，定期テストや小テストを作成する際の参考としていただけましたら幸甚です。

本時案ページ

○本時の目標・本時の評価・注意すべきポイント

　本時の授業で達成したい目標・評価や，注意すべきポイントについて記しています。授業開始前に，斜め読みでも構いませんので，読んでいただきますと，本時の授業で何をしたらよいのかを把握できると思います。

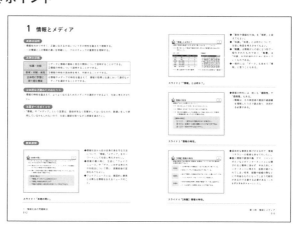

○授業展開

授業計画を行うにも，1からすべて考えるのは大変……そんな先生方へのたたき台となる資料です。

本書の授業展開は「本時の問い」→「本時の授業内容」→「本時のまとめ」の順で構成されています。左

スライド5「コミュニケーションの分類①」

◆新聞・ラジオ・テレビなどのように，不特定多数の人に情報を発信するメディアを**マスメディア**という。

◆SNSやメッセージ交換アプリ，動画共有サイトなどのように，ユーザ同士が双方向で情報のやり取りをできるメディアを**ソーシャルメディア**という。

側には授業で使用するスライド，右側にはスライドに対応した発問例やポイント，注意事項，周辺知識などの解説を記載しています。授業の際に，ご活用ください。

また，付属のスライドは，すべてパワーポイントにより作成しています。どうぞ，ご自由にご活用ください。なお，紙面の都合上1つのスライドにたくさんの情報を詰め込んでいます。こちらに関しては先生方が使いやすいように分割したり，アニメーションの追加をしたりして，ご活用ください。冒頭に示しました通り，「たたき台」としてご活用ください。

○本時で学ぶ用語

扱っている用語の解説を一覧にしています。授業準備における用語の確認や定期テストに出題する用語のリストとしてご活用ください。原則として，いずれかの教科書で扱われている用語を掲載しています。また，巻末索引に掲載している用語は，すべてこの「本時で学ぶ用語」にすべて紐づいております。

本時で学ぶ用語

用語	意味
コミュニケーション	情報をやり取りして，意思疎通を図ること。
メディア	情報伝達を仲介する手段。
情報メディア	情報を人に伝えるためのメディア（口頭，書籍，放送）。
表現メディア	伝えたい情報を表現するためのメディア（文字，図，表，静止画，動画，音楽）。
伝達メディア	情報を物理的に伝達するためのメディア（紙，インク，空気，電波，電線，電話線，光ファイバ）。
マスコミ型（1対多数）	発信者1人に対し受信者が複数いるようなコミュニケーション手段（新聞やテレビなどのマスメディア，Webページ）。⇔逆マスコミ型（1対多数，アンケート集計，問い合わせ）
同期型	発信者と受信者が同時刻を共有（電話，会話，チャット）。⇔非同期型（手紙，電子メール，SNS，Webページ）
ARPANET	Advanced Research Projects Agency Network の略。1969年アメリカ国防総省が軍事利用を目的として資金提供により構築されたコンピュータネットワーク。世界初のパケット通信であり，後にインターネットの原型となった。

最後になりますが，「情報Ⅰで何を指導したらよいのか分からない」，「共通テスト対策に向けて，何をしたらよいか分からない」という先生方が，授業準備を行う際の羅針盤となり，負担軽減の一助となることを祈っております。

スライドで見る全単元の授業のすべて
情報Ⅰ
目次

スライドで見る
全単元の授業のすべて
情報I

1 情報社会の問題解決 12 時間扱い

単元の目標

　情報と情報技術を活用した問題の発見・解決の方法に目し，情報社会の問題を発見・解決する活動を通して，次の事項を身に付けることができるよう指導する。

評価規準

知識・技能	①情報やメディアの特性を踏まえ，情報と情報技術を活用して問題を発見・解決する方法を身に付けている。 ②情報に関する法規や制度，情報セキュリティの重要性，情報社会における個人の責任及び情報モラルについて理解している。 ③情報技術が人や社会に果たす役割と及ぼす影響について理解している。
思考・判断・表現	④目的や状況に応じて，情報と情報技術を適切かつ効果的に活用して問題を発見・解決する方法について考えている。 ⑤情報に関する法規や制度及びマナーの意義，情報社会において個人の果たす役割や責任，情報モラルなどについて，それらの背景を科学的に捉え，考察している。 ⑥情報と情報技術の適切かつ効果的な活用と望ましい情報社会の構築について考察している。
主体的に学習に取り組む態度	⑦情報社会における問題の発見・解決に，情報と情報技術を適切かつ効果的に活用しようとしている。また，自己調整しながら，解決する過程や解決案を自ら評価し改善しようとしている。 ⑧情報モラルに配慮して情報社会に主体的に参画しようとしている。

指導計画

次	時	主な学習活動
第1次 「情報とメディア」	1	情報をわかりやすく，正確に伝える方法について，情報の特性を踏まえて理解する。
	2	情報モラルや情報社会に関する法規や制度について理解し，情報社会を「よりよく」生きる態度を育成する。
第2次 「情報社会を支える法規や制度」	3	知的財産権の種類とその内容や具体例について理解する。
	4	個人情報やその取り扱い，情報を発信する際の危険性などについて理解する。
第3次 「情報社会におけるセキュリティ」	5	さまざまなサイバー犯罪と情報セキュリティ対策について理解する。
	6	情報セキュリティの重要な要素である機密性を保持するための対策について理解する。
第4次 「情報技術の発展」	7	情報技術の進歩による生活への影響や新たな情報技術について理解する。
第5次 「問題解決の手法」	8	問題解決の手順を理解し，問題の発見と明確化，解決案の検討と決定，解決案の実施と評価の方法を知る。
第6次		情報モラルとは何か具体例を通して考え，何が問題であるか，どのよ

| 「情報モラル実習
（CM作成実習）」 | 9〜12 | うな対策をとるべきか，生徒に情報モラルの啓発CMを作成させることにより考察する。（スライドデータは，実習前の第8時までを掲載） |

定期テストの作成方針について

　本単元は，各種法規をはじめとして覚えるべき事柄が多くある。共通テストでは，以下の2通りの正誤問題で出題されることが予想される。

Ⅰ．用語の解説がなされているもの

Ⅱ．用語を実生活に適用したもの

　Ⅰに関しては，多肢選択型の出題形式では，核となる部分が他の選択肢と入れ替えられることによって選択肢が作られる。以下に問題例を記す。

　例1．「知的財産権」について述べた文として，最も適当なものを，次の⓪〜③のうちから一つ選び記号で答えなさい。

　　⓪意匠権は，製品の形状や構造などのアイデアに与えられる。

　　①実用新案権は，製品のデザインに対して与えられる。

　　②著作権は，著作者が特許庁に申請することによって与えられる。

　　③著作隣接権は，伝達するモノが著作物でなくても与えられる。

　⓪と①は述語部分が入れ替わっている。また，②については，産業財産権の説明と入れ替わっている。どの科目でも誤答選択問題の作成は，作成に時間がかかってしまうため，定期テストでの出題が避けられる傾向にある。しかし，同じテーマ内で出現する用語について，述語部分を入れ替えることは手法として広く利用されているため，作問の際には取り入れていただきたい。

　生徒にとっては，共通テストに似た形式の問題に触れる機会が増えると同時に，紛らわしい内容を整理する機会ともなる。

　Ⅱに関しては，法規の適用例や情報セキュリティ対策の例として正しいものを多肢選択型で問うものである。例えば，以下は「試作問題『情報Ⅰ』※令和4年12月23日一部修正」で発表された問題である。

　例2．SNSやメール，Webサイトを利用する際の注意や判断として，適当なものを，次の⓪〜⑤のうちから一つ選び記号で答えなさい。

　　⓪相手からのメッセージにはどんなときでも早く返信しなければいけない。

　　①信頼関係のある相手とSNSやメールでやり取りする際も，悪意を持った者がなりすましている可能性を頭に入れておくべきである。

　　②Webページに匿名で投稿した場合は，本人が特定されることはない。

　　③SNSの非公開グループでは，どんなグループであっても，個人情報を書き込んでも問題ない。

　　④一般によく知られているアニメのキャラクターの画像をSNSのプロフィール画像に許可なく掲載することは，著作権の侵害になる。

　　⑤芸能人は多くの人に知られていることから肖像権の対象外となるため，芸能人の写真をSNSに掲載してもよい。

　こちらについては作成が大変であるが，授業時に説明した具体例などを活用できるとよい。また，日頃からこのような問題が出題されることを生徒に意識させた授業を行いたい。ただし，用語に対する理解が不足していると，誤った適用をしてしまうこともあるため注意が必要である。

1 情報とメディア

本時の目標

- 情報をわかりやすく，正確に伝える方法についてその特性を踏まえて理解する。
- 一次情報と二次情報の違いを明確にし，クロスチェックの重要性を理解する。

本時の評価

知識・技能	①データと情報の意味と相互の関係について説明することができる。 ②情報の特性について説明することができる。
思考・判断・表現	③情報の特性の具体例を考え，列挙することができる。
主体的に学習に 取り組む態度	④情報やメディアの特性を踏まえて，情報の取得と伝達において適切なメディアを選択することができる。

主体的な活動のためのヒント

- 情報の特性を踏まえて，よりよく伝えるためのメディアの選択ができるよう，生徒に考えさせたい。

注意すべきポイント

- 「情報」や「メディア」という言葉は，普段何気なく見聞きしてはいるものの，勘違いをして使用しているかもしれないので，生徒に確認を取りながら授業を進めたい。

授業展開

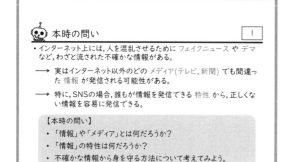

スライド1「本時の問い」

◆情報社会から自分自身の身を守る方法について，「情報」「メディア」をキーワードにして生徒に考えさせたい。

◆授業の導入時に，生徒に「フェイクニュース」や「デマ」に対する考え方や対処法について問い，授業前後の変容をみてもよい。

◆フェイクニュースとは，意図的に事実とは異なる情報を伝えるニュースのこと。

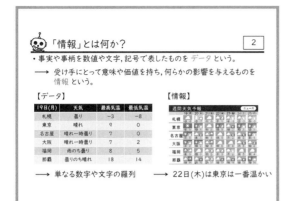

◆「意味や価値を付加」を「解釈」と捉えてもよい。

◆「知識」「知恵」とは何かについて，生徒に発言を考えさせてもよい。

◆**「知識」**は情報が人の役に立つ形で一般化されたものであり，**「知恵」**は「知識」を目的遂行のために活かしていくものである。

◆一般的には，「データ」も含めて「情報」と言うこともある。

スライド 2「「情報」とは何か？」

. . . .

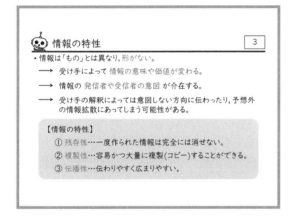

◆情報の特性には，他にも**「個別性」**や**「目的性」**もある。

　→情報は，その発信者の意図や価値観を理解したうえで読み取り，活用する必要がある。

スライド 3「情報の特性」

. . . .

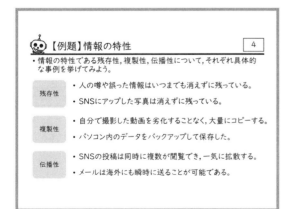

◆具体的な事例を挙げさせる中で，情報リテラシーの教育も併せて行いたい。

◆個人情報や誹謗中傷，デマ，リベンジポルノなどがインターネット上に公開されると簡単に消せず，半永久的にインターネットに残され，拡散が続けられてしまい将来，就職や結婚の際などに不利益なものとなってしまう可能性があるので注意する必要がある（これを**デジタルタトゥー**という）。

スライド 4「【例題】情報の特性」

. . . .

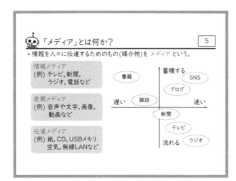

スライド5「「メディア」とは何か？」

◆メディアの特性を踏まえ以下の内容について議論してもよい。
1) 連絡手段としてのメールやSNS，電話それぞれの長所と短所について。
2) 写真や動画の保存方法や共有方法。

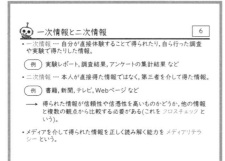

スライド6「一次情報と二次情報」

◆情報の信憑性の確認方法。情報源，発信・更新日時やその情報が客観的な事実か意見なのかを確認するとともに，クロスチェックを行う。また，可能であれば自分で経験することで確かめる。

◆一次データと一次情報は異なるので注意が必要である。例えば，実験データは一次データであり，自身で集めた実験データをまとめ，自分の考察を加えたものである実験レポートは一次情報となる。

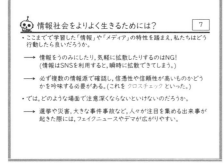

スライド7「情報社会をよりよく生きるためには？」

◆ここまでの学習を通して，情報社会をよりよく生きるために，私たちがとるべき行動について考えさせたい。

◆生成AIの普及により，フェイク画像や動画などが誰でも容易につくれるようになった（これを**ディープフェイク**という）。授業では，本物の画像とフェイク画像を比較し，どちらが本物か生徒に考えさせてもよい。

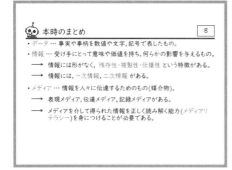

スライド8「本時のまとめ」

◆本単元はこれから情報Iを学習していくうえで重要な単元であるため，個々の用語の確認は必ず行いたい。

1 情報社会の問題解決

用語	意味
データ	事実や事柄などを数字や文字，記号で表現したもの。
情報	データを目的に応じて整理し，意味付けをしたもの。意思決定の判断材料となる。ただし，形がないため，解釈は受け手によって決まる。
知識	情報を分析し，問題解決の一助となるように体系化したもの。
知恵	知識を活かして実生活での問題を解決するために役立てるレベルまで高度にしたもの。
残存性	一度つくられた情報は，完全に消すことができない。
複製性	情報は，比較的簡単に複製することができる。
伝播性	情報は，伝わりやすく，広まりやすい。情報通信ネットワークが発達し，誰もが情報を瞬時に多数の相手に伝えることができる。意図しない情報拡散に注意が必要。
個別性	情報は，受け手によって価値や評価が変わる。
目的性	情報には，発信者や受信者の意図が含まれる。
一次情報	自分が直接体験することで得た情報。第三者の判断が加わっておらず，「生情報」と言われることもある。自分が見たり聞いたり，体験したことであっても，それが誤解や勘違いの可能性があるので，必ずしも二次情報よりも一次情報のほうが信頼性が高いとは限らない。
二次情報	他の人が調べ，その人の評価が加わったもの。一次情報に比べ得やすいが信憑性が落ちる可能性もある。
ダブルチェック	1つのものを異なる人が確認を行うこと。
クロスチェック	複数の情報源から同じ情報を得られるかを確かめること。相互確認とも言う。
メディアリテラシー	メディアの特性を理解し，受け手としては情報を正しく読み解き，送り手としては正確に情報を表現するための能力。
メディア	情報の受け手と送り手の間を媒介するもの。その性質により，**表現メディア**，**伝達メディア**，**記録メディア**に分類される。
一次データ	自分で計画し，アンケート調査や実験などを通し収集したデータ。なお，収集したデータが他者によって利用されるときに，そのデータは**二次データ**と呼ばれる。

> **問題** 気温と降水量を題材に，データ，情報の違いを説明しなさい。
> **解答** データは気温や降水量などの数値のことであり，それをグラフや表にしてまとめたものが情報である。
> ※なお，各月の気温を表したグラフをもとに，「1月は年間で最も寒い」などと一般化したものが知識であり，さらに地球温暖化などの気候変動についての解決策を考える力が知恵である。

2 情報モラルや情報社会を守る法律

・情報モラルや情報社会に関する法規や制度について理解する。

本時の評価

知識・技能	①マナーやモラル，その違いについて説明することができる。 ②情報モラルについて説明することができる。 ③情報社会に関する法規や制度，その意義について理解する。
思考・判断・表現	④ケーススタディを通して，原因とその対処法について考えることができる。
主体的に学習に取り組む態度	⑤情報モラルや情報社会に関する法規や制度の意義について，主体的に考えようとしている。

主体的な活動のためのヒント

・近年のスマートフォンやタブレット端末の急速な普及により，中高生のSNSによる炎上やデマ，誹謗中傷などが後を絶たない。さまざまなケーススタディを通して，何が問題だったのか，トラブルや犯罪に巻き込まれたときの対処法などについて生徒に考えさせたい。生徒自身，いつ，どこでトラブルや犯罪に巻き込まれるか分からない今日において，他人事ではなく，自分事として，情報モラルを考えさせたい。

注意すべきポイント

・情報モラルや，情報社会における法規や制度の指導に当たっては，公民科の学習と密接に関わるため，公民科の教員との連携を図ることが大切である。

授業展開

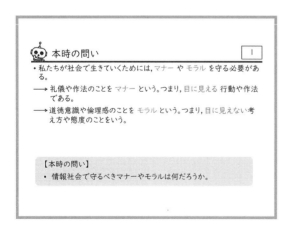

◆法律を遵守することだけではなく，道徳的な行動をすることで，情報社会を「よりよく」生きることができる。ここでは，情報社会において責任もって生活するために必要な知識を生徒に身に付けさせたい。

◆「マナー」と「モラル」の言葉の違いをあまり意識したことはないが，ここでその違いを認識させたい。

スライド1「本時の問い」

・・

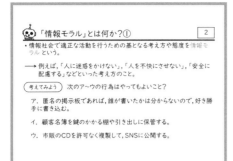

スライド2「「情報モラル」とは何か？①」

◆スマートフォンやSNSの急速の発達により，それらの利用に伴う犯罪やトラブルが多発している。このことから，「情報モラル」教育がより一層必要となる。

◆情報モラルに基づいて，さまざまな法規や制度が定められている。

. . . .

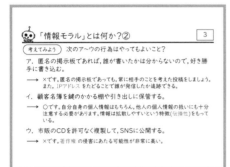

スライド3「「情報モラル」とは何か？②」

◆ア：匿名による誹謗中傷の被害者は情報開示請求による開示が可能。

◆イ：情報漏洩対策は，個人，組織，技術の3側面から行う。組織でルール整備をしても個人の情報モラルが低いと情報は漏洩する。

◆ウ：他者の制作物を無断で複製，公開，利用をしてはならない。

. . . .

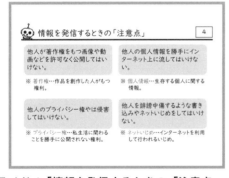

スライド4「情報を発信するときの「注意点」」

◆満10歳から満17歳までの青少年を対象とした「青少年のインターネット利用環境実態調査（内閣府）」によると，青少年のSNSによる犯罪件数は年間2,000件ほど発生している。

◆自分が犯罪やトラブルにいつ巻き込まれるか分からない。そのために，情報を発信するときの注意点について，当事者意識をもって考えさせたい。

. . . .

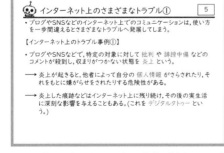

スライド5「インターネット上のさまざまなトラブル①」

◆迷惑系ユーチューバーなどによる回転寿司チェーン店などでの迷惑動画の炎上騒動を例に挙げ，説明するとよい。

◆炎上に対してどのような対処をしたらよいか生徒に議論させてもよい。その際，炎上した立場，させる立場，傍観する立場，加わる立場など，立場ごとの考え方や気持ちを考えさせてもよい。

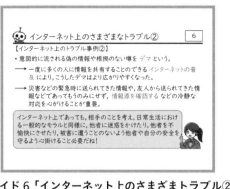

スライド6「インターネット上のさまざまなトラブル②」

◆「デマ」とはドイツ語の「デマゴギー Damagogie」の略で，もともと政治的な目的で，意図的に流す虚偽の情報のことであった。

◆生徒にデマの事例を聞いてみてもよい。例えば，「トイレットペーパーの多くは中国で製造・輸出しているため，新型コロナウイルスの影響でこれから不足する」というデマが2020年2月末にSNS上に投稿された。

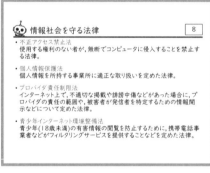

スライド7「インターネット上で気をつけたい現象」

◆令和5年10月1日より，ステルスマーケティングは景品表示法違反となったことも併せて，生徒には伝えたい。

◆スライドで示した現象に巻き込まれないためにも，メディアにより流れた情報を客観的に判断することは大切である。

スライド8「情報社会を守る法律」

◆情報社会に関連する法律を生徒に調べ，まとめさせる活動を行ってもよい。

◆スライドに挙げた法律以外にも，電子署名法や特定商取引法などにも触れてもよい。

スライド9「本時のまとめ」

◆情報モラルを指導するに当たっては「相手の立場になって考えること」を常に意識させたい。

◆さまざまなケーススタディを通して，生徒に考えさせ，他人事ではなく自分事として，情報モラルに関して考えさせたい。

用語	意味
情報モラル	情報社会で適正な活動を行うための基となる考え方や態度。
炎上	ブログや SNS などで，特定の対象に対して批判や誹謗中傷などのコメントが殺到し，収まりがつかない状態。
デジタルタトゥー	Digital（デジタル）と Tatoo（刺青，タトゥー）の 2 つの単語を組み合わせた造語。インターネット上に書き込まれた投稿や画像，動画など，本人が消したつもりでも，一度拡散された情報は消えることなくインターネット上に残り続けること。一度入れたら簡単に消すことのできない入れ墨（タトゥー）から由来している。
デマ	「デマ」とはドイツ語の「デマゴキー（Damagogie）」の略。意図的に流される偽の情報や根拠のない噂。
不正アクセス禁止法	使用する権利のない者が，無断でコンピュータに侵入することを禁止する法律。（1 章 5 時参照）
個人情報保護法	正式名称は「個人情報の保護に関する法律」（2003 年制定）。個人情報を所持する事業所に適正な取り扱いを定めた法律。（1 章 4 時参照）
プロバイダ責任制定法	正式名称は「特定電気通信役務提供者の損害賠償責任の制限及び発信者情報の開示に関する法律」（2001 年制定）。インターネット上で，不適切な掲載や誹謗中傷などがあった場合に，プロバイダの責任の範囲や，被害者が発信者を特定するための情報開示などについて定めた法律。
IP アドレス	ネットワーク上の機器に割り振られた住所に相当する一意の識別番号。
青少年インターネット環境整備法	正式名称は「青少年が安全に安心してインターネットを利用できる環境の整備等に関する法律」（2003 年制定）。青少年（18 歳未満）の有害情報の閲覧を防止するために，携帯電話事業者などがフィルタリングサービスを提供することなどを定めた法律。

確認問題

問題 次のア〜オは，情報モラルについて述べたものである。適切なものには○，適切でないものには × で答えなさい。

ア．SNS は犯罪やトラブルを引き起こすだけの危険なツールである。

イ．匿名の投稿であれば，誰が書いたかは誰にも絶対にわからないので，好きなことを書いてよい。

ウ．インターネットの向こうには人がいることを常に意識し，相手の立場を考えた情報発信を心がける。

エ．自分自身の個人情報はもちろん，他人の個人情報の扱いにも十分注意する必要がある。

オ．どんな内容でも，SNS を用いて情報発信したほうがより多くの人に見てもらえてよい。

解答 ア．×　イ．×　ウ．○　エ．○　オ．×

3 知的財産権

・知的財産権の種類とその内容や具体例について理解する。

本時の評価

知識・技能	①知的財産権，産業財産権，著作権の概要について説明することができる。伝達者の権利について説明することができる。
思考・判断・表現	②知的財産権が産業や文化に与える影響について説明することができる。著作権の侵害事例について，どの権利を侵害しているか適切に判断することができる。
主体的に学習に取り組む態度	③身近なところでの著作権侵害を避けるためにどのようにしたら良いか対策を考えようとしている。

主体的な活動のためのヒント

・著作権に関しては，法律にうとい中高生が知らず知らずのうち侵害していることがある。身近な事例を取り上げながら，実生活とつなげることで生徒の興味や関心をひきたい。

注意すべきポイント

・著作権法は，知らないでは済まない身近で重要な法律であることを強調したい。
・さまざまな権利についての用語が出てきて困惑する生徒が多くなる。それぞれの違いをワンポイント示すとよい。クラス状況によっては，主要な用語を確認することにとどめてもよい。

授業展開

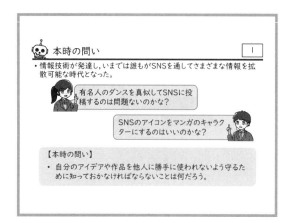

◆本時は，著作者，利用者それぞれの立場に立って学習を行いたい。
　→利用者側はどうなると使いやすいか。一方，使いやすすぎると著作者はどのように感じるか。

◆「情報」そのものに価値があり，勝手に使用することは禁止されている。この権利を「**知的財産権**」といい，法律により保護されている。

スライド1「本時の問い」

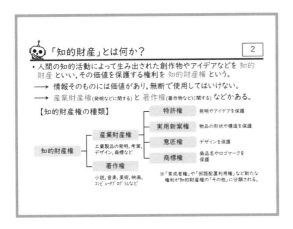

◆「著作権」には財産権の意味をもつ場合ともたない場合があることを確認する（スライド5参照）。

◆知的財産権には，産業財産権や著作権の他にも，半導体集積回路配置図に関する権利や，植物の新品種に関する権利などがある。

スライド2「「知的財産」とは何か？」

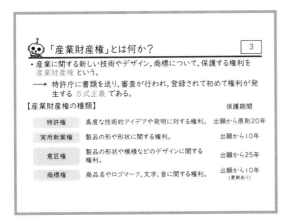

◆特許権には一部存続期間の延長措置制度があり，商標権には更新制度がある。

◆**特許権**は，自然法則を利用した，高度な技術的発明のことをいい，一方，**実用新案権**は，自然法則を利用した技術的思想の創作であり，なおかつ物品の形状，構造または組み合わせにかかるもののことを言う。

→鉛筆は「発明品」であるが，鉛筆の端に消しゴムをつけた製品は「ちょっとした発明品」となる。

スライド3「「産業財産権」とは何か？」

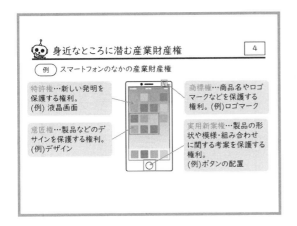

◆特許情報プラットホーム j-platpat
（https://www.j-platpat.inpit.go.jp/）を活用して，身近な産業財産権を生徒自身に調べさせてもよい。

◆文字や図形，ロゴだけでなく，次のような商標も登録が可能である。
（例）
・正露丸のCMでおなじみの大幸薬品株式会社のメロディーは音商標である。
・ファミリーマートの緑，白，青のの組み合わせは色彩のみの商標である。

スライド4「身近なところに潜む産業財産権」

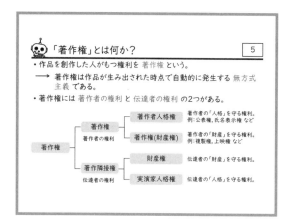

スライド5「「著作権」とは何か？」

◆著作権のうち「著作者人格権」の理解が難しい。著作者の「社会的評価や感情を守るためのもの」であるとおさえておきたい。

◆著作権は無方式主義ではあるが，文化庁では一定の手数料を支払うことによって，著作権登録制度を利用することができる。権利関係に不安がある場合，本制度により一定の効果を持つことができる。

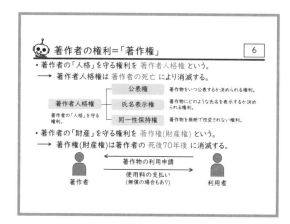

スライド6「著作者の権利＝「著作権」」

◆著作者人格権は，譲渡や相続ができないため著作者の死後に消滅する。ただし，著作者死後においても著作者人格権の侵害となる行為は禁じられている。

◆著作権（財産権）は譲渡や相続ができる。

◆著作権（財産権）の保護期間である「70年」は正確には，著作者の死亡した翌年の1月1日から起算する。また，無名・変名，団体，映画の著作物は公表した翌年の1月1日を起算日とする。

◆保護期間が終了した著作物はパブリックドメインと位置付けられ，誰もが自由に利用できる。

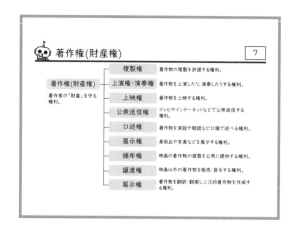

スライド7「著作権（財産権）」

◆著作権（財産権）については，上演，演奏，上映などといったように，利用形態ごとにそれぞれ権利が定められている。

◆二次的著作物とは，著作物を翻訳，編曲，変形，脚色，映画化，その他翻案することにより創作した著作物のこと。（例）小説を元にした映画

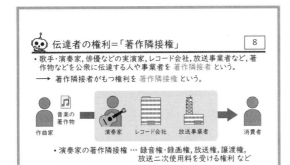

スライド8「伝達者の権利＝「著作隣接権」」

◆著作権と著作隣接権の違いについて理解させたい。→「著作権」は著作物を創作した者に付与される権利であるのに対して、「著作隣接権」は著作物などを人々に「伝達した者」に与えられる権利である。

◆著作隣接権は、実演，レコード製作，放送，有線放送の行為が行われた瞬間に自動的に付与される。

◆クラシック音楽のほとんどは著作権が消滅しているが，クラシックが録音されているCDなどの音源を利用するときには，著作隣接権に注意する必要がある。

スライド9「身近な著作権侵害の例」

◆著作権侵害の例を生徒に答えさせることにより，生活と学習内容を結びつけたい。

◆著作物を利用する場合には，原則として著作権者の許諾を得る必要がある。つまり許諾なしに利用した場合に著作権侵害となるので注意したい。また，著作者に無断で公表，内容などを変更することは著作者人格権の侵害となる。

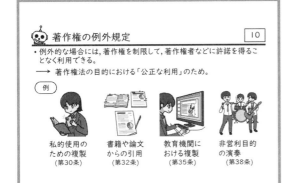

スライド10「著作権の例外規定」

◆以下の内容について，著作権侵害になるかどうか議論してもよい。
・CDの楽曲をコピーして個人的に音楽プレーヤーで聴く。
（私的使用のための複製のため可）
・芥川龍之介の文学作品を使用する。
（保護期間が過ぎているため可）

◆学校生活や普段の生活を振り返って，無意識のうちに著作権の侵害をしていないか振り返りたい。

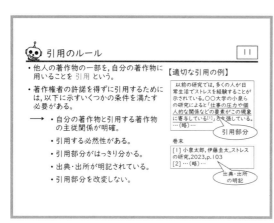

スライド 11「引用のルール」

◆論文やポスターなどを書く際にこの点に気をつけるよう指示する。

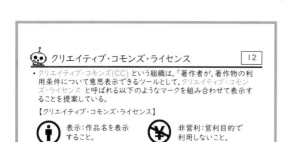

スライド 12「クリエイティブ・コモンズ・ライセンス」

◆「著作者」自身が意思表示をすることのメリットを生徒に発問してもよい。
　→著作者や著作権者に，その都度利用についての確認をする必要がないため，使用しやすくなる。これにより，その著作物を用いて情報社会における文化の発展に寄与する人が増えてくることが期待される。

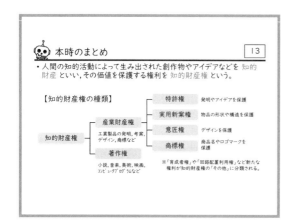

スライド 13「本時のまとめ」

◆知的財産権を学習する際に，権利が発生するタイミング，権利の期限，相続の可否など，それぞれの権利にどのような特徴があるかを確認したい。

◆なぜ，著作権（財産権）に期限があるのか，生徒に問いかけてもよい。
　→著作権は著作者の権利の保護を図ることと，文化の発展に寄与することを目的としているから。

用語	意味
知的財産権	人間の知的活動によって生み出された創作物やアイデアなどを**知的財産**といい，その価値を保護する権利。
産業財産権	知的財産権のひとつで産業の発展を図ることを目的とした権利。特許庁に届けられ，認められると権利が発生する方式主義をとる。
特許権	産業財産権のひとつ。発明やアイデアに関する権利で，出願から原則20年間保護される。一部存続期間の延長制度がある。
実用新案権	産業財産権のひとつ。物品の形状や構造に関する権利で，出願から10年保護される。
意匠権	産業財産権のひとつ。物の外観（形状，模様，色彩など）としてのデザインに関する権利で，出願から25年保護される。
商標権	産業財産権のひとつ。商品にサービスに関して自他の識別力を有するマークに対する権利で，登録から10年保護される。更新することができる。
著作権	知的財産権のひとつで分化の発展に寄与することを目的とし，著作者に与えられる権利。作品が創作された時点で権利が自動的に発生する無方式主義の形をとる。小説を映画化するなど著作物に創作的な加工を施したものを**二次的著作物**という。
著作者人格権	著作者の意思や名誉などの「人格的な」利益を保護する権利。著作者のみに与えられ，譲渡，相続できない。著作者の死後に消滅する。
著作権（財産権）	「財産的な」利益を保護する権利。一部または全部を他人に譲渡，相続することができる。この権利を有する者を著作権者という。原則として創作時から著作者の死後70年まで。複製権，上映権，展示権，公衆送信権などの権利が定められている。
伝達者	著作物の伝達に重要な役割を果たしている人。実演家（俳優，舞踏家，歌手，演奏家など），レコード制作者，放送事業者など。
著作隣接権	伝達者の権利であり，実演などの行為が行われた時点で発生する。星空の写真など伝達されるものは著作物とは限らない。
クリエイティブ・コモンズ（CC）	著作者が自ら，著作物の利用条件を表示することができるようにライセンス表示を提案している団体。また，クリエイティブ・コモンズが提案しているマークを**クリエイティブ・コモンズ・ライセンス**という。

補足

スライド10に関して，生徒の実態に応じて，以下の内容を挙げ，生徒に考えさせたり，調べさせたりすることで，著作権に対する理解が深まると思われる。
・動画投稿サイトに，流行の曲を歌う動画をアップロードした。
・動画投稿サイトに，流行のダンスを短時間踊った動画をアップロードした。
→ YouTubeやInstagramなどの動画投稿サイトはJASRAC（一般社団法人日本音楽著作権協会）と包括契約を結んでいるため，JASRACが管理している楽曲であれば，許諾なしに利用することができる。しかし，楽曲をアレンジする行為は著作者人格権に触れるため（JASRACが管理している権利の範囲外），別途許諾が必要になる。

4 個人情報

・個人情報やその取り扱い，情報を発信する際の危険性などについて理解する。

本時の評価

知識・技能	①個人情報の定義，基本四情報，個人識別符号，要配慮個人情報などについて説明することができる。 ②プライバシー権や肖像権，パブリシティ権などの権利について説明することができる。 ③プライバシーマークなどの，企業や団体における個人情報保護に関する取り組みについて説明することができる。 ④情報を発信することの危険性や，情報を発信する際に注意しなければならないことについて説明することができる。
思考・判断・表現	⑤個人情報保護法の保護対象となる情報や，第三者への提供に関する例外について理解している。 ⑥プライバシー権や肖像権，パブリシティ権などへの理解をもとに，それらを侵害した行動をしていないか判断することができる。
主体的に学習に取り組む態度	⑦情報を発信する危険性や，情報を発信する際の注意事項を理解し，自らの個人情報を守ろうとしている。 ⑧自らの情報発信の内容を振り返り，さまざまな権利に配慮したうえで，適切な情報発信を行おうとしている。

注意すべきポイント

・多くの生徒にとって，SNS による情報発信は日常的なものとなりつつある。個人情報などの取り扱いや情報を発信する危険性を，具体的な例を交えてしっかりと理解させ，自身の行動を振り返り，今後の生活に活かせるようにしたい。

授業展開

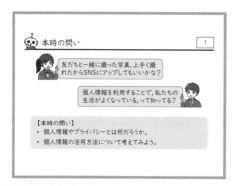

スライド1「本時の問い」

◆個人情報などの取り扱いは生徒にとっても身近な問題であるため，なるべく具体的な例を提示しながら，自分の身を危険に晒す行為や，さまざまな権利の侵害行為をしていないかどうかをしっかりと振り返りたい。

◆サイバーセキュリティ .com（https://cybersecurity-jp.com/leakage-of-personalinformation）では，個人情報流出事例を閲覧することができる。

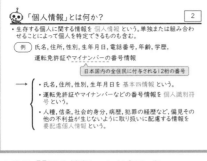

スライド2「「個人情報」とは何か？」

◆個人情報保護法の保護対象となる個人情報は，「生存する」個人に関する情報であるということがポイントである。

◆生存していない個人に関する情報も，マナーやモラルの観点から決して好き勝手に扱っていいというわけではないことも念の為おさえておきたい。

◆マイナンバーは極めて重要な個人情報であるため，流出などしないよう，厳重な管理が必要である。

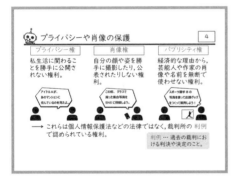

スライド3「個人情報を守る法律」

◆個人情報保護法では，個人情報を本人の同意を得ずに利用しないこと，本人の求めに応じて適切に対応することなど，企業や行政が守るべき義務を定めている。

◆事件や事故に遭遇し本人が意識不明の場合や，児童に対する虐待などが疑われる場合など，同意を得ずに提供できるケースもあることに注意する。

スライド4「プライバシーや肖像の保護」

◆個人情報とプライバシーは，異なることを生徒に考えさせたい。
　→個人情報とは生存する特定の個人を識別できる情報である。
　　一方，プライバシーは自己の情報をコントロールできる権利である。

スライド5「企業や団体における個人情報の保護①」

◆コンピュータなどを利用し，企業や官公庁が公開しているプライバシーポリシーについて，どのような内容が書かれているかを確認させたり，いつも自分が利用しているサービスを提供している企業にプライバシーマークが付与されているかどうかなどを確認させたりしてもよい。

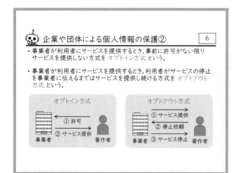

スライド6「企業や団体における個人情報の保護②」

◆広告・宣伝メールなど，以前はオプトアウト方式だったが，法改正によりオプトイン方式に変更された。

◆事業者が広告・宣伝メールを送信できるのは「事前に許可を得ている人のみ」となったため，利用者は身に覚えのない広告・宣伝メールを一方的に受け取らずに済むようになった。

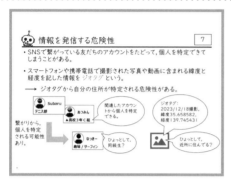

スライド7「情報を発信する危険性」

◆自分の顔写真はもちろんのこと，映り込んでいる背景や持ち物，「雨が降っている」「事故・災害が起きた」といった自身にとっては些細な一言でも，さまざまな情報を組み合わせることで個人を特定できてしまう危険性がある。インターネット上に公開する情報やそこでの発言には十分に注意する必要がある。

スライド8「個人情報の活用例」

◆個人情報の活用例として，本スライドでは，製薬企業による医療データに関して扱ったが，他の事例を生徒に調べさせてみるのもよい。

◆匿名加工情報と似た用語として仮名加工情報がある。**仮名加工情報**とは，他の情報と照合しない限り特定の個人を識別できないように加工した個人に関する情報のことをいう。

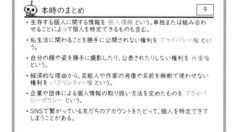

スライド9「本時のまとめ」

◆単に用語を確認していくのではなく，用語から授業内容（話した例題や生徒の発言）を振り返りながら確認をしていきたい。

◆他に「DNT」や「忘れられる権利」に触れても良い。

1　情報社会の問題解決

用語	意味
個人情報	生存する個人を特定できる情報のこと。ほかの情報と組み合わせることで個人を特定できるような情報も含む。
基本四情報	「氏名」「住所」「生年月日」「性別」の4つの個人情報のこと。住民票などに記載されており，本人の確認にも用いられる。
個人識別符号	パスポートや運転免許証の番号，マイナンバーなどの，個人を特定することのできる番号のこと。
要配慮個人情報	人種，信条，社会的身分，病歴，犯罪の経歴など，不当な差別や偏見，不利益が生じる可能性がある個人情報のこと。決して流出することのないよう，取り扱いには特に配慮しなければならない。
個人情報保護法	正式名称は「個人情報の保護に関する法律」（2003年制定）。個人の権利や利益を保護するために，個人情報を取り扱う企業や行政が守らなければならない義務などを定めている。個人情報保護法で定められた個人情報は，「生存する」個人のものが対象となっている。
プライバシー権	他人には知られたくないような情報を公開されたり，他人による私生活への干渉や侵害をされたりしない権利。
肖像権	自分の顔や姿（肖像）を，許可なく撮影されたり，利用されたりしない権利。
パブリシティ権	肖像や名前に経済的な価値をもつ有名人が，それらを自身の許可なく他人に使わせない権利。
プライバシーポリシー	企業や団体における個人情報の取り扱いについて定めたもの。個人情報を扱う企業や団体は，個人情報を収集する際，集めた情報を何のために・どのように使うのかといった方針を個人に示さなければならない。
プライバシーマーク	個人情報に対し，適切な保護措置を行っていると認められた企業や団体などに与えられるマーク。一般財団法人日本情報経済社会推進協会（JIPDEC）が審査・付与している。
オプトイン方式	事業者が利用者にサービスを提供する際，利用者側からサービスの中止を事業者に伝えるまで，サービスの提供を続ける方式。
オプトアウト方式	事業者が利用者にサービスを提供する際，利用者側からサービスの利用意思を事業者に伝えるまでは，サービスを提供しない方式。
ジオタグ	写真や動画に付加された位置情報のこと。スマートフォンやデジタルカメラには，GPSによって計測した位置情報を，写真や動画に付加する機能がある。
匿名加工情報	特定の個人を識別できないように個人情報を加工したもの。あらかじめ該当する情報や提供方法を公表する必要があるなど，一定のルールの下であれば，本人の同意なしに第三者へ提供可能である。
DNT	Do Not Track の略。事業社による利用者の利用履歴の収集を拒否できるようにすること。
忘れられる権利	個人の求めによってインターネット上にある個人情報を削除することを求められる権利。欧州司法裁判所による判決を契機として世界に広まり始めている。

5 情報セキュリティ①

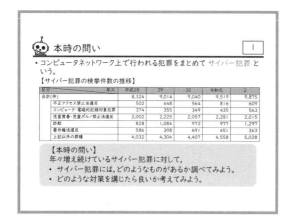

◆サイバー犯罪というと，組織的な犯罪などの大規模なものを想像しがちかもしれないが，ネットショッピングなどでの詐欺や，映画・音楽の不正コピーなど，生徒にとって身近なものもたくさん存在するため，当事者意識をもって考えてもらえるよう進めていきたい。

スライド1「本時の問い」

1 情報社会の問題解決

スライド 2「サイバー犯罪の分類」

◆**フィッシング詐欺**とは，偽の Web サイトに誘導し，ID やパスワード，クレジットカード情報などを盗む詐欺行為のこと。

◆**ワンクリック詐欺**とは，正式な契約をしていないにも関わらず，商品やサービスを購入したことにして高額な費用を請求する詐欺行為のこと。架空請求ともいう。

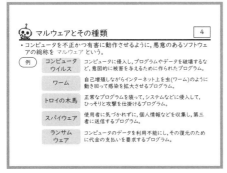

スライド 3「不正アクセス行為」

◆不正アクセス禁止法では，実際に不正アクセスを行うことだけでなく，パスワードを不正に入手し保管したり，不正アクセスを助長したりする行為も禁じられていることに注意したい。

スライド 4「マルウェアとその種類」

◆経済産業省では，以下の機能のうち 1 つ以上を有するプログラムのことを**コンピュータウイルス**と定義している。
①自己伝染機能：他のプログラムやシステムにみずから伝染させる。
②潜伏機能：感染後しばらくの間は潜伏する。
③発病機能：プログラムやデータの破壊，意図せぬ動作をさせる。

スライド 5「マルウェアの感染経路と対策」

◆セキュリティホール（脆弱性）を修正するためのセキュリティ更新プログラムのことを，**セキュリティパッチ**という。

◆ウイルス対策ソフトウェアは重要な対策ではあるが，それだけで万全というわけではないため，自分のものではない USB メモリを不用意に接続しない，不審な Web ページは閲覧しないなど，常にウイルスを警戒することが重要である。

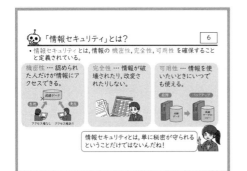

スライド6「「情報セキュリティ」とは？」

◆情報セキュリティの性質にはほかにも，**真正性**（情報やユーザが本物であると確認できる），**責任追跡性**（起こったことを後から追跡できる），**信頼性**（想定通りの結果が得られる），**否認防止性**（否認されないよう，起こったことを証明できる）などがある。

スライド7「情報セキュリティとその対策」

◆機密性（Confidentiality），完全性（Integrity），可用性（Availability）の頭文字を取って，情報セキュリティのCIAと呼ばれることがある。

◆IPA（独立行政法人情報処理推進機構）の「情報セキュリティ10大脅威 2022」（https://www.ipa.go.jp/security/10threats/10threats2022.html）を閲覧させ，生徒に身近な脅威について調べさせてもよい。

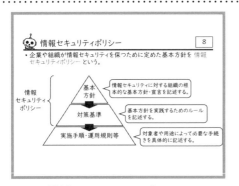

スライド8「情報セキュリティポリシー」

◆企業や組織は，ウイルス感染や災害による機器障害，不正侵入，情報漏洩などの脅威から情報資産を守るために，情報セキュリティポリシーを整備することで，社員や構成員の意識の向上をうながし，問題が発生した際の方針や行動指針を示しておく必要がある。

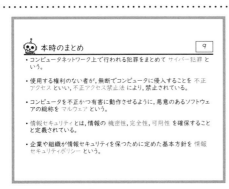

スライド9「本時のまとめ」

◆補足として，「対策」だけではなく，サイバー犯罪に遭ったときどのように対処するかも伝えたい。
　→①警察に相談する。
　　②ウイルス感染源であると予想される機器をネットワークにつながないなど。

本時で学ぶ用語

用語	意味
サイバー犯罪	コンピュータやネットワークを悪用して行われる犯罪のこと。「不正アクセス禁止法違反」「コンピュータ・電磁的記録対象犯罪」「ネットワーク利用犯罪」の3種類に大きく分類できる。
不正アクセス	アクセスを許可されていない人物が，無断でコンピュータに侵入すること。
不正アクセス禁止法	不正アクセス行為の禁止等に関する法律。不正アクセス行為はもちろんのこと，不正アクセス行為を働くために他人のパスワードを取得・保管することや，不正アクセスを助長するような行為なども禁止している。
コンピュータ・電磁的記録対象犯罪	コンピュータの不正に操作，コンピュータウイルスの作成・提供，データの改ざんや窃盗，破壊などの犯罪。
ネットワーク利用犯罪	ワンクリック詐欺やフィッシング詐欺，誹謗中傷などをはじめとした，ネットワークを介して行われるさまざまな犯罪。
マルウェア	コンピュータに何かしらの被害を及ぼすよう，悪意をもってつくられたソフトウェア（不正プログラム）の総称。コンピュータウイルスやトロイの木馬，ワームなどに分類される。
コンピュータウイルス	マルウェアのうち，ほかのコンピュータに感染する機能などをもったプログラムのこと。侵入したコンピュータ内のプログラムやデータを破壊したり，コンピュータに不具合を生じさせたりする。
ワーム	他のファイルに寄生することなく，ネットワーク上を虫（ワーム）のように自由に移動して自己増殖するプログラムのこと。
トロイの木馬	正常なソフトウェアを装って利用者にインストールさせることでコンピュータに侵入し，遠隔操作により攻撃を仕掛けるプログラムのこと。
スパイウェア	利用者に気づかれないように個人情報などを収集し，収集したデータを第三者に送信するプログラム。
ランサムウェア	感染したコンピュータのデータやシステムを利用不能にし，その復元のために身代金（ランサム）の支払いを要求するプログラム。
ウイルス対策ソフトウェア	コンピュータウイルスへの感染予防や，感染したウイルスの除去を行うためのソフトウェア。**ウイルス定義ファイル（パターンファイル）** が必要。
セキュリティホール	ソフトウェアのセキュリティ上の弱点や欠陥のこと。脆弱性とも。コンピュータウイルスによるセキュリティホールをねらった攻撃を防ぐためには，常に最新のセキュリティパッチを適用することが重要である。
機密性	認められた人だけが情報にアクセスできるような状態のこと。
完全性	情報が破壊，改ざん，消去などをされず，完全な状態を保っていること。
可用性	必要なときにいつでも情報にアクセスできるような状態のこと。
情報セキュリティ	情報の機密性，完全性，可用性を確保すること。
情報セキュリティポリシー	企業や組織が，情報セキュリティへの脅威から情報資産を守るために定めた，組織内における情報セキュリティ対策の方針や行動指針のこと。

6 情報セキュリティ②

・情報セキュリティの重要な要素である機密性を保持するための対策について理解する。

本時の評価

知識・技能	①パスワードやパターン認証などをはじめとした認証方法について説明することができる。 ②ソーシャルエンジニアリングとその例について説明することができる。 ③ファイアウォールやアクセス制御について説明することができる。
思考・判断・表現	④パスワード作成時の注意点をもとに，安全なパスワードとはどんなものであるかを判断できる。 ⑤さまざまなアクセス制御の方法に関する理解をもとに，方法や設定に応じてどのようなアクセスが許可または拒否されるかなどを判別できる。
主体的に学習に取り組む態度	⑥ソーシャルエンジニアリングやその危険性について理解し，日常生活において，情報の機密性を保持するための適切な行動を行おうとしている。 ⑦アクセス制御の意義を理解し，インターネットを安全に利用するための適切な制御を行おうとしている。

注意すべきポイント

・情報の機密性を保持するためには，認証やファイアウォールなどの技術的な対策だけではなく，ソーシャルエンジニアリングに対する「心理面の対策」も重要であることを意識させたい。すぐに対策できると思って先延ばしにならないよう注意させたい。

授業展開

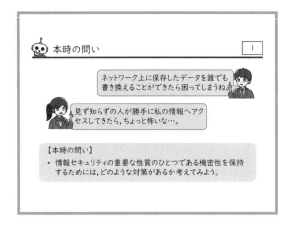

スライド1「本時の問い」

◆機密性とは，認められた人だけがその情報にアクセスできるような状態のことを指す。

◆復習として，情報セキュリティの三要素である完全性や可用性についても軽く触れておきたい。

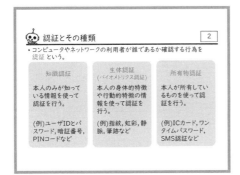

スライド2「認証とその種類」

◆パスワードと，あらかじめ登録しておいたメールアドレスや電話番号宛に送信されるメッセージを入力させるなど，二つの方法を用いて認証を行う方式のことを「**二段階認証**」という。

◆一方，パスワード（知識認証）と指紋（バイオメトリクス認証）など，異なる二つの要素を組み合わせた認証方式は「**二要素認証**」という。

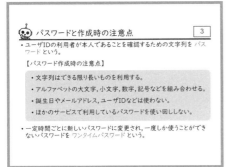

スライド3「パスワード作成時の注意点」

◆パスワードは，他人に知られないようにすることはもちろん，推測されにくいものにすることが重要である。

◆パスワードの例をいくつか提示して強度の高いものを選ばせる，強度の高いパスワードの例を生徒自身で考えさせるなどしてもよい。

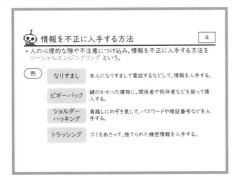

スライド4「情報を不正に入手する方法」

◆廃棄された機器や記録メディア，破り捨てられた書類などの情報を修復して入手することなどのケースも考えられる（トラッシング）。

◆ソーシャルエンジニアリングは，人の心理的な隙につけ込むものであり，技術的な対策だけでは防ぐことができないことに注意が必要である。

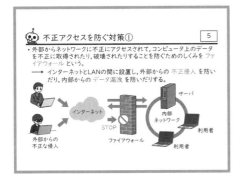

スライド5「不正アクセスを防ぐ方法①」

◆ファイアウォールがあれば絶対に安全であるというわけではないため，ファイアウォールを導入していても，常にセキュリティ対策を意識した行動をすることが重要である。内部から外部へのアクセスも制限する。

◆個人のパソコンを保護するためのファイアウォールである，**パーソナルファイアウォール**というものもある。

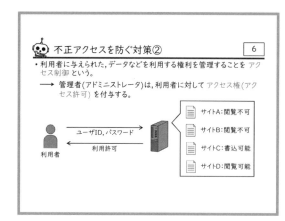

◆管理者（アドミニストレータ）は，アクセス権の付与だけでなく，すべてのフォルダやファイルにアクセスできる権限をもっているため，管理者アカウントの管理は厳重に行わなければならない。

◆アクセス権は，ただ単にアクセスできるかどうかだけでなく，閲覧だけ可，閲覧も書き込みも可など，細かく設定することもできる。

スライド6「不正アクセスを防ぐ対策②」

. . . .

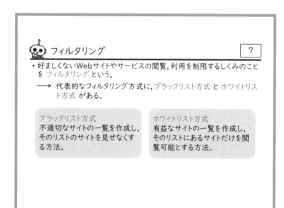

◆フィルタリングは青少年の保護のために，有害なサイトへのアクセスを制限したり，職場や学校における私的なネットワーク利用を制限したりするために用いられる。

◆子どもに悪影響を及ぼすようなサイトなどを閲覧・利用することができないように，保護者が監視し一部機能の利用を制限することをペアレンタルコントロールという。

スライド7「フィルタリング」

. . . .

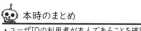

◆生徒にとって馴染みのある用語とそうでないものの差が出てくる。例えば，「フィルタリング」については身近であるが，「ファイアウォール」についてはそうではない。このような部分については丁寧に扱っていきたい。

スライド8「本時のまとめ」

. . . .

用語	意味
パスワード	アクセスしようとしている人物が本人であることを確認するために，あらかじめ決めておいた文字列。
ワンタイムパスワード	一定時間ごとに新しいものが発行され，一度きりしか使うことのできないパスワード。銀行口座からの送金時など，主に金融機関などで普及が進んでいる。
認証	コンピュータやインターネット上のサービスを利用する際，利用しようとしている人物が正規の利用者であることを確かめる行為。
知識認証	本人だけが知っている情報を用いることで認証を行う方式。 （例）ユーザ ID，パスワード，暗証番号など
バイオメトリクス認証 （生体認証）	人間の身体的・行動的な特徴を利用して認証を行う方式。 （例）指紋，顔，虹彩，静脈，筆跡など
所有物認証	本人だけが所有するものを利用して認証を行う方式。 （例）IC カード，ワンタイムパスワード，SMS 認証など
ソーシャルエンジニアリング	人の心理的な隙や不注意につけ込み，他者のコンピュータやネットワークへアクセスするための情報を不正に入手すること。
なりすまし	ソーシャルエンジニアリングのひとつ。本人になりすまし，「どうしても緊急で必要だがパスワードを忘れてしまった」などと電話するなどして，情報を入手すること。
ピギーバック	ソーシャルエンジニアリングのひとつ。本来関係者しか立ち入ることのできない，鍵のかかった建物や部屋に，関係者や業者，同伴者などを装って侵入すること。
ショルダーハッキング	ソーシャルエンジニアリングのひとつ。パソコンやスマホ，ATM などの情報機器を操作している人の肩ごしに，パスワードや暗証番号などを盗み見ること。
トラッシング	ソーシャルエンジニアリングのひとつ。ゴミ箱をあさり，捨てられている機密情報などを入手すること。
ファイアウォール	外部からの不正アクセスや，コンピュータ上のデータの不正取得・破壊などを防ぐためのしくみ。ネットワークの出入り口に設置することで，ネットワークの外部と内部を分離し，アクセス制御を行う。
アクセス制御	それぞれの利用者に与える権限を管理し，許可された利用者のみがシステムやデータを扱えるように制限すること。
フィルタリング （コンテンツフィルタリング）	インターネット上を出入りする情報を監視し，内容に問題がある場合には接続の拒否や通信の遮断を行うなどして，ネットワークの利用を制限する技術のこと。制限方法としては，**ブラックリスト方式**や**ホワイトリスト方式**などがある。
ブラックリスト方式	アクセスしてはいけない有害なサイトなどをリスト化し，それらの情報を見られないようにする方式。
ホワイトリスト方式	アクセスしてもよいサイトのみをリスト化し，それらの情報以外は見られないようにする方式。

7 情報技術の発展

本時の目標

・情報技術の進歩による生活への影響や新たな情報技術について理解する。

本時の評価

知識・技能	①技術の発展による社会の変化について説明することができる。 ② IoT や AI などの新たな情報技術について説明することができる。 ③テクノストレスやデジタルデバイドといった，情報技術がもたらす問題について説明することができる。
思考・判断・表現	④技術の発展による社会の変化に対する理解をもとに，Society1.0 ～ 5.0 までのそれぞれの社会における特徴を考えることができる。 ⑤情報技術の進歩による社会の変化に対する理解をもとに，情報技術が社会にもたらす利点・欠点を考えることができる。
主体的に学習に取り組む態度	⑥情報技術が社会にもたらしている影響を理解した上で，情報技術を正しく活用しようとしている。

注意すべきポイント

・情報技術の進歩により，わたしたちの生活は大きく変化した。情報技術は，たくさんのメリットをもたらす一方で，さまざまな問題をもたらしていることも事実である。情報技術の光と影の両方の側面をきちんと理解し，情報技術を正しく活用できるよう促していきたい。

授業展開

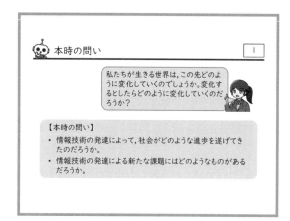

◆本時の内容をより身近に感じてもらうために，具体的な説明に入る前に，現在身の回りで利用されている情報技術や，それらを利用することによってどのような問題が起きそうか，あるいは実際に身の回りで問題が起きたことがあるか，などについて考えてもらうのものよい。

スライド 1「本時の問い」

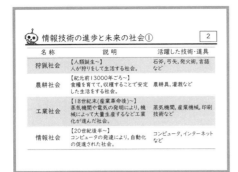

スライド 2「情報技術の進歩と未来の社会①」

◆蒸気機関による機械化を実現させた第1次産業革命，石油や電気による大量生産や輸送などを実現させた第2次産業革命，情報技術を用いた高度な自動化を実現させた第3次産業革命に続き，現在は人工知能やIoTなどの高度な情報技術やデータサイエンスを基盤とした第4次産業革命が到来している。

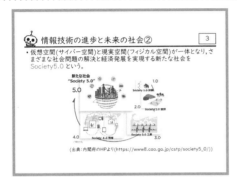

スライド 3「情報技術の進歩と未来の社会②」

◆狩猟社会を「Society 1.0」，農耕社会を「Society 2.0」，工業社会を「Society 3.0」，情報社会を「Society 4.0」，ということもある。
◆現在の社会は，情報社会であることを前提とした新しい情報社会になりつつある，という点がポイントである。

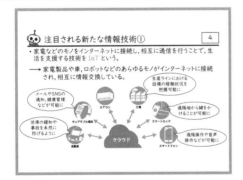

スライド 4「注目される新たな情報技術①」

◆インターネットの普及と高速化により，クラウドコンピューティングという，インターネット上で情報処理を行うサービス形態を利用することができるようになってきている。あらゆるモノから収集されたデータをクラウドコンピューティング上に集約し分析することで，問題解決などに役立てることができる。

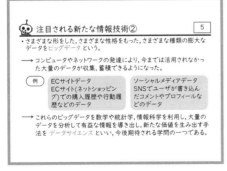

スライド 5「注目される新たな情報技術②」

◆あらゆるモノに組み込まれたセンサやカメラ，GPSなどから得られる大量のデータもビッグデータである。IoTの普及により急速に収集効率が良くなった。
◆ビッグデータの分析や，分析結果をもとにした問題解決方法の立案などを行う専門家のことを**データサイエンティスト**という。

スライド6「注目される新たな情報技術③」

◆深層学習（ディープラーニング）も機械学習の一種である。

◆人工知能はあくまでも人間のためになるような使い方をされるべきである，という考え方を「人間中心のAI社会原則」という。

◆人工知能が人間よりも賢くなるタイミングのことを**シンギュラリティ**（技術的特異点）といい，2045年ごろに実現すると予測する説もある。

スライド7「情報技術がもたらす生活の変化①」

◆情報技術が，わたしたちの生活にたくさんのメリットをもたらしている一方で，さまざまな問題が発生していることも事実である。

◆心身に悪影響を与えるような長時間の利用をしていないかどうか，悪影響が出ていると感じた場合にはどうしたらよいか，など，普段の生活を振り返る時間もとれるとよい。

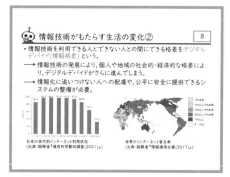

スライド8「情報技術がもたらす生活の変化②」

◆インターネットや情報機器をうまく使いこなすことができない，情報機器の費用を負担できない，インターネット設備が設置できない，身体が不自由で機器を使うことができないなど，さまざまな理由により，情報技術を利用できない・十分に使いこなすことができない人も存在することを忘れてはならない。

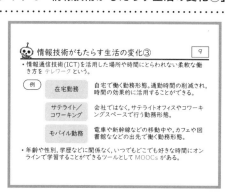

スライド9「情報技術がもたらす生活の変化③」

◆ICTとはInformation and Communication Technologyの略であり，情報通信技術を活用したコミュニケーションのことを指す。

◆テレワークとは，Tele（離れて）とWork（仕事）を組み合わせた造語。

◆MOOCsと　はMassive Open Online Courseを略であり，国内のMOOCsではJMOOC（https://www.jmooc.jp/）が有名である。これについて，調べさせ議論をさせてもよい。

スライド 10「本時のまとめ」

◆社会の変容について触れつつ，急速に成長する AI の動向から世の中がこの先どのように変化していくと予想されるか，その中でどのような知識や技術が求められるのかについて，調べさせ議論をさせてもよい。

本時で学ぶ用語

用語	意味
Society5.0	サイバー空間（仮想空間）とフィジカル空間（現実空間）を高度に融合させることで社会問題の解決や経済の発展を実現する，人間を中心とした新しい情報社会のこと。国が目指すべき未来の社会の姿として，第5期科学技術基本計画において提唱された。
IoT	Internet of Things の略。あらゆるモノをインターネットに接続し，相互に通信を行うことで，生活を支援する技術のこと。
ビッグデータ	さまざまな形，性格，種類の膨大なデータのこと。日々蓄積されていく膨大なデータを AI などを利用して分析するなど，企業活動や社会問題の解決などへの活用が進められている。
AI（人工知能）	Artificail Interigence の略。人間の知的行動を，コンピュータ上で人工的に模倣する技術のこと。世界中で，人工知能を応用した技術の開発や活用が進められている。
機械学習	コンピュータにデータを読み込んで規則性を見つけ出させるなど，データから学習した特徴を用いた予測により効率的に課題を解く技術のこと。人工知能の実現のために活用されている。
テクノストレス	コンピュータなどの情報機器との関わりによってあらわれるストレスのこと。「テクノ依存」と「テクノ不安」に大きく分けられる。
テクノ依存	パソコンやインターネットなどにのめり込んでしまい，日常生活にも支障をきたすような状態のこと。
テクノ不安	コンピュータへの苦手意識により，情報機器が近くにあるだけで不安になったり，情報機器への拒否反応を示すなどのストレス反応があらわれる状態のこと。中高年に多く見られる。
VDT 障害	Visual Display Terminal の略。ディスプレイを利用した長時間の作業により，目の疲れや乾き，首や肩，腰の凝りや痛みなど，身体，心に不調が生じること。
デジタルデバイド（情報格差）	社会的・経済的理由などにより，情報技術を利用できる人と利用できない人との間に生まれる格差のこと。

8 問題解決の手法

単元の目標

・問題の手順を理解し，問題の発見と明確化，解決案の検討と決定，解決案の実施と評価の方法を知る。

本時の評価

知識・技能	・問題と問題解決の意味について説明することができる。 ・ブレーンストーミングや KJ 法について説明することができる。 ・問題の明確化のための目的を設定し，問題となる概念を構造化し分析することができる。
思考・判断・表現	・問題発見のための現状分析の方法を考え，適切に選択することができる。 ・問題解決の制約条件を考えることができる。
主体的に学習に取り組む態度	・ブレーンストーミングやグループディスカッションなど，問題の発見・解決のためのグループでの活動には積極的に参画している。

主体的活動を促すためのヒント

・本単元は特別活動との親和性が高い。学習時期に行われている体育祭や文化祭，修学旅行などの行事を題材として，グループディスカッションを行うとよい。

注意すべきポイント

・ブレーンストーミングのときにはルールの徹底をする。評価を行うときには，表現方法に注意するように促す。また，評価を素直に受け入れる心をもつ必要性も予め伝える。

授業展開

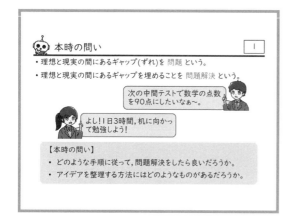

◆現在の状態を As-is，理想の状態を To-Be と呼ぶこともある。
◆理想の状態（最終到達点）を「目的」と呼ぶこともある。また，目的を達成するための具体的な手段を「目標」という。

スライド1「本時の問い」

1 情報社会の問題解決

問題解決の流れ　[2]

手順	内容
1 問題の明確化	解決したい問題を明確にする。
2 情報収集	問題解決に必要な情報を収集する。
3 情報の整理・分析	集めた情報の整理・分析を行う。グラフや表を用いて整理する。
4 解決案の作成	整理・分析の結果に基づいて、解決案についての検討や評価を行い、問題の具体的な解決案を作成する。
5 解決案の実行	解決案を実行し、問題の解決を試みる。
6 評価・反省	解決案の実行内容や、実行した結果に対する評価・反省を行い、次の問題解決に役立てる。

◆問題解決の方法や流れはさまざまあるがスライド内容は代表的なものである。

◆流れの中で適宜振り返りながら、前の内容について検討と改善をする必要がある（フィードバック）。

◆問題解決の題材として、文化祭の出し物、定期テストに向けた学習法、スポーツの上達法などを題材に考えさせてもよい。

スライド2「問題解決の流れ」

問題解決のための発想法①　[3]

・問題解決のための手法の一つに、PDCAサイクル がある。
→ Plan（計画）、Do（実行）、Check（評価）、Action（改善）のプロセスを繰り返すことによって、問題解決の質を継続的に高めることができる。

【PDCAサイクルの流れ】

① Plan（計画）…問題解決のための解決案の作成。
② Do（実行）…作成した解決案の実施。
③ Check（評価）…解決案の実施結果の評価。
④ Action（改善）…評価をもとにした解決案の改善。

◆生産管理や品質管理などの考えが元になっている。

◆教科書によっては Action ではなく Act となっている。

◆ Action から Plan に戻る過程を**フィードバック**という。

◆計画を立て実行する前にシミュレーションを行うとよい。シミュレーション結果を考察する際には、帰納的あるいは演繹的な方法で適切に推論する。

スライド3「問題解決のための発想法①」

問題解決のための発想法②　[4]

・問題解決のための解決案などを考える際の発想法の一つに、ブレーンストーミング がある。
→ 複数人で集まり、ルールを守りながら、ある問題に関して思いついたことを自由に発言していく。
→ 複数人で活発にアイデアを出し合うことで、一人では思いつかないような 多くのアイデアを得ることができる。

【ブレーンストーミングの4つのルール】

・自由な発言を歓迎する。
・ほかの人の発言を批判しない。
・アイデアの質よりも量を重視する。
・他の人の発言に便乗したり、アイデア同士を組み合わせたりしてもよい。

◆ Brain（脳）＋ Storming（嵐）の造語。

◆アメリカの広告会社役員アレックス・F・オズボーンが提唱した発想法。

◆問題解決をするには、先行研究を参照することがある。その際には、その情報の信頼性に注意すると共に、出典を必ず記録する。

スライド4「問題解決のための発想法②」

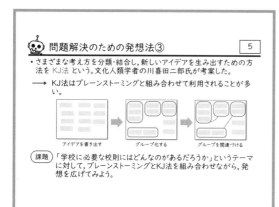

◆KJ法では以下のようにしてアイデアを整理する。
　①1つのカードに1つのアイデアを要約して記入する。
　②関連しているカードでグループをつくり，表題をつける。
　③グループどうしの関係を矢印で示し，関係の強さを線の太さで表現し図示する。
　　──：関係している　　◆→：原因・結果
　　◆─→：相互に影響　　＞─＜：反対・対立
　④グループに点線をつけて評価し，結果を文章でまとめる。

スライド5「問題解決のための発想法③」

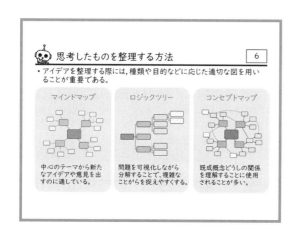

◆思考を可視化することによって，メタ認知を行い，批判的に評価をすることが可能になる。その為の手法をいくつか身につけておくとよい。
◆スライドに例示したものの他に，**ガントチャートやメリット・デメリット表**などもある。

スライド6「思考したものを整理する方法」

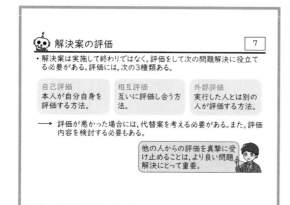

◆評価する側は，相手に忖度しないようにすることが基本であるが，評価の表現方法に注意する必要がある。
◆自己評価では，自分自身に甘くなりすぎたり厳しすぎたりしないようにする。
◆相互評価では，相手との関係性を優先しすぎないようにする。
◆外部評価では，誰に評価を依頼するかをよく検討する。

スライド7「解決案の評価」

1　情報社会の問題解決

<table>
<tr><td colspan="2">☠ 本時のまとめ   8</td></tr>
<tr><td colspan="2">
・理想と現実の間にあるギャップ（ずれ）を 問題 といい，そのギャップを
　埋めることを 問題解決 という。
・問題解決の手順は次のとおり。
　① 問題の明確化→② 情報収集→③ 情報の整理・分析
　→④ 解決案の作成→⑤ 解決案の実行→⑥ 評価・反省
・問題解決のための手法の一つに，PDCAサイクル がある。
　　→ Plan（計画），Do（実行），Check（評価），Action（改善）のプロ
　　セスを繰り返すことによって，問題解決の質を継続的に高めること
　　ができる。
・問題解決のための解決案などを考える際の発想法の一つに，
　ブレーンストーミング がある。
・さまざまな考え方を分類・結合し，新しいアイデアを生み出すための方
　法を KJ法 という。文化人類学者の川喜田二郎氏が考案した。
</td></tr>
</table>

◆問題解決についての考え方はさまざまな場面で用いることができるものである。試験のためだけに用語を覚えていくだけの学習にならないように注意したい。

スライド8「本時のまとめ」

・・・

本時で学ぶ用語

用語	意味
問題解決	理想と現実のギャップ（ずれ）を解決する手順のこと。
目的	問題を解決して達成する理想の状態であり，目指す最終到達点。
目標	目的を達成するための指標。
フィードバック	前段階に戻り修正を行うこと。元の意味は出力（結果）を入力（原因）側に返すことである。
演繹的推論	一般に正しいとされている原理や原則を元に，個々の具体的な事柄が正しいという結論を得ようとする推論の仕方。帰納的推論の逆。
帰納的推論	個々の具体的な事実を一般化した原理・原則を導こうとする推論の仕方。
PDCA サイクル	問題解決の手順の一つ。P（Plan：計画），D（Do：実行），C（Check：評価），A（Action：改善）。Action を Act とする教科書もある。Action から Plan に戻ることを**フィードバック**という。生産管理や品質管理などの考え方がもとになっている。
ブレーンストーミング	アメリカの広告会社役員アレックス・F・オズボーンが提唱した発想法。グループでアイデアを出し合い，できるだけ多くのアイデアを得る方法。①質よりも量を重視，②制約を設けない，③便乗の奨励，④批判の禁止の４つの原則を守る必要がある。
マインドマップ	紙などの中心に書いたテーマから枝を伸ばすようにイメージを膨らませていくことで，発想を広げながらアイデアを整理する。
ロジックツリー	ある事柄に対する問題や原因など，その事柄を構成している要素をツリー状に書き出していくことで，アイデアを整理する。
コンセプトマップ	関連性の強い言葉をいくつか並べ，それぞれを線で結ぶことでその言葉との関係性を示していくことで，アイデアを整理する。

2 コミュニケーションと情報デザイン (15 時間扱い)

単元の目標

　メディアとコミュニケーション手段及び情報デザインに着目し，目的や状況に応じて受け手に分かりやすく情報を伝える活動を通して，次の事項を身に付けることができるよう指導する。

評価規準

知識・技能	①メディアの特性とコミュニケーション手段の特徴について，その変遷も踏まえて理解している。 ②文字，音，画像，動画をデジタルで表現するしくみを理解している。 ③効果的なコミュニケーションを行うための情報デザインの考え方や方法を理解するとともに，表現する技能を身に付けている。
思考・判断・表現	④メディアとコミュニケーション手段の関係を科学的に捉え，それらを目的や状況に応じて適切に選択することができる。 ⑤コミュニケーションの目的を明確にして，適切かつ効果的な情報デザインを考えている。 ⑥効果的なコミュニケーションを行うための情報デザインの考え方や方法に基づいて表現し，評価し改善することができる。
主体的に学習に取り組む態度	⑦コミュニケーションと情報デザインが社会に果たす役割について考え，情報技術を活用し，試行錯誤して効果的なコミュニケーションを行おうとしている。 ⑧よりよいコミュニケーションを行うために自らの取組を振り返り評価し改善することを通して情報社会に主体的に参画しようとしている。

指導計画

次	時	主な学習活動
第1次 「コミュニケーション」	1	コミュニケーション手段の利点や欠点を理解し，その特性に応じたコミュニケーション手段を選択できる。
第2次 「デジタルとアナログ」	2	アナログとデジタル，情報量の表し方を理解する。
	3	10進数と2進数の変換，2進数の加算と減算の仕方を理解する。
	4	2進数と16進数の変換，補数による負の数の表し方を理解する。
	5	文字をデジタルで表すしくみについて理解する。
	6	音のデジタル化のしくみについて，標本化，量子化，符号化の過程と意味を理解する。
	7	画像のデジタル化のしくみについて，標本化，量子化，符号化の過程と意味を理解する。
	8	動画をデジタルで表現するしくみについて理解する。
	9	ランレングス圧縮やハフマン符号化といったデータの圧縮にしくみについて理解する。

第3次 「情報デザイン」	10	情報を相手にわかりやすく，正確に伝える方法について理解する。
	11	多くの人にとってわかりやすいデザインについて理解する。
第4次 「情報デザイン実習 （Webページ制作）」	12～15	情報デザインの考え方や方法に基づいて，あらゆる人にとって使いやすいWebページを制作する。（スライドデータは，実習前の第11時までを掲載）

定期テストの作成方針について

　共通テストにおいて，本章に関わる内容の中心は「デジタル化」と「データ量の計算」についてであることが考えられる。したがって，第2次の内容は繰り返し問題演習をこなしたい。

　文字のデジタル化については，ASCIIコードを用いたものが作成しやすい。難易度については，2進法16進法のどちらを用いるかで若干の調整が可能となる。適当な英数字の文字列をデジタル化させるところから始まり，圧縮率を求めるところまでの流れで出題することが可能である。

　音や画像のデジタル化については，標本化→量子化→符号化の過程を踏ませたい。そのうえで，やはりデータ量や圧縮率を計算させたい。この計算については，各種共通テスト向けの模試でも多く出題されている。特に画像の場合には，24ビットフルカラーでの計算が盲点となる生徒が多いことが予想される。

　本章では「コミュニケーション」や「情報デザイン」についても，次の点をおさえておきたい。

　まず，「コミュニケーション」の分野については，コミュニケーションの方法が変わることによってどのような「特性」をもつようになったかを問いたい。本文には書けなかったが表現メディアの一例を以下に示す。ただし，「特に優れている」「優れている」の差は感覚的なものでもあるため，出題の際には気をつけたい。

	速報性	同報性	蓄積性	検索性	双方向性	同期／非同期
手紙	△	×	○	△	○	非同期
書籍	×	◎	◎	△	×	非同期
ポスター	○	○	○	△	×	非同期
新聞	△	◎	◎	△	×	非同期
テレビ	◎	◎	△	×	○	同期
電話	◎	×	×	×	◎	非同期
電子メール	◎	○	○	○	◎	同期
Webページ	◎	◎	○	◎	○	非同期
SNS	◎	◎	○	◎	○	非同期

◎特に優れている　　○優れている　　△できる　　×できない（難しい）

　次に，「情報デザイン」については，デザインとアートとの違いを明確にする。また，身近なところにある優れた（劣った）UIを発見させたい。ただし，この単元についても出題の際には感覚的なものにならないように気をつけたい。リード文あるいは図表などによって根拠となるデータを示す問題設定が必要である。

　以上見てきたように，第1次と第3次については，出題が危ういものが多くあるため注意して問題作成をしたい。

1 コミュニケーションとメディア

・コミュニケーションの目的に応じて，適切なメディアを選択することができる。
・各メディア，コミュニケーション手段の利点や欠点を説明することができる。

本時の評価

知識・技能	①メディアについて，その機能，分類，発達の観点で説明をすることができる。
思考・判断・表現	②各メディア，コミュニケーション手段の利点や欠点から，それぞれの使用場面を想定することができる。
主体的に学習に取り組む態度	③情報メディアや表現メディアを活用して，伝えたい情報を主体的に発信することができる。

主体的な活動のためのヒント

・「本時の問い」を実施する際に，SNSやメッセージ機能といった具体的な手段を示すだけでなく，それらがどのような表現メディアを使用しているかにも注目させると生徒たちは考えやすくなる。（例：文字でのコミュニケーション，写真や動画でのコミュニケーション）

注意すべきポイント

・本時は知識の確認となりがちなため，生徒の生活と関連付けて展開させることを意識する。

授業展開

◆コミュニケーションとメディアの定義を確認する。
◆人類の歴史の中でコミュニケーションのメディアがどのように変遷してきたのかを生徒に問う。
◆本時の問いについては，地理的観点（直接相手と対話するコミュニケーションから遠隔地の相手とコミュニケーションをとる）や時間的観点（同期性と非同期性，情報伝達に要する時間）から考えさせると良い。

スライド1「本時の問い①」

2 コミュニケーションと情報デザイン

スライド2「通信とその発達①」

通信とその発達① [2]
- 電気通信以前の通信
  - 古代では, のろしを焚いたり, 太鼓を叩いたりして, 大まかな情報を伝えていた。
  - 文字の発達以降は, 紙に書いて, 飛脚 や 伝書鳩 などで届けるようになった。
  - 1840年には, 近代郵便制度 が確立された。
- 電気通信のはじまり
  - 1837年, アメリカの モールス が モールス信機 (電気通信による符号の送受信) を発明した。
  - 1876年, アメリカの ベル が 電話機 を発明した。
  - 1896年, イタリアの マルコーニ が 無線電信機 を発明した。

◆スライドでは扱っていないが「口頭（オーラル）」も重要なコミュニケーションの手段である。

◆「口頭→筆記→印刷→電信→放送→電子メール・Web」の変遷は押さえたい。

◆各表現メディア（文字, 図形, 音声, 静止画, 動画）の特性について触れてもよい。

スライド3「通信とその発達②」

通信とその発達② [3]
- 一度に多くの人に情報を送る手段を マスコミュニケーション という。
  - （例）新聞や雑誌, ラジオやテレビ放送など
- マスコミュニケーションの発達
  - 15世紀半ば, ドイツの グーテンベルク が 活版印刷 を発明した。
  - 1906年, アメリカで, はじめての ラジオ の実験放送が行われた。
  - 1928年, アメリカで, はじめての テレビ の実験放送が行われた。
- インターネットの発達
  - 1969年, アメリカ国防総省の支援のもと, ARPANET とよばれるコンピュータネットワークの実験が行われた。当初は研究機関が主に利用していたが, やがて, インターネット と呼ばれ, 人々に普及するようになった。

◆ARPANET とは, アメリカ国防総省が軍事利用を目的として資金提供により構築されたもの。インターネットの原型となった（世界初のパケット通信ネットワーク）。

◆マスコミュニケーションに用いる媒体をマスメディアという。

スライド4「本時の問い②」

本時の問い② [4]
- 情報をやり取りして, 意思疎通を図ることを コミュニケーション という。
  - → 情報を伝達する仲介役を メディア という。
  - → 情報技術の発達により, メディアが多様化し, コミュニケーションの方法が変化してきた。

【本時の問い】
- コミュニケーションとメディアどのように変遷したのだろう。
- いろいろなコミュニケーションの手段を分類してみよう。

◆コミュニケーションとメディアの定義を確認する。

◆天気予報, プロ野球ニュース, 学校での出来事についての話, 友人のこと, などの話題を相手に伝えたいとき, どのようなメディアを選べばよいのか, 生徒に問いかけてみるのもよい。

スライド5「コミュニケーションの分類①」

コミュニケーションの分類① [5]
- 発信者と受信者の 人数 によって, 次のように分類できる。
  ① 個別型 (1対1型) … 発信者1人に対し受信者1人。
    （例）手紙, 電話, 会話 など
  ② マスコミ型 (1対多型) … 発信者1人に対し受信者複数。
    （例）新聞・ラジオ・テレビ, Webページ など
  ③ 逆マスコミ型 (多対1型) … 発信者複数に対し受信者1人。
    （例）アンケート集計, 問い合わせ など
  ④ 会議型 (多対多型) … 発信者と受信者が複数。
    （例）テレビ会議, グループ通話, SNS など

◆新聞・ラジオ・テレビなどのように, 不特定多数の人に情報を発信するメディアを**マスメディア**という。

◆SNS やメッセージ交換アプリ, 動画共有サイトなどのように, ユーザ同士が双方向で情報のやり取りをできるメディアを**ソーシャルメディア**という。

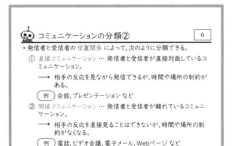

スライド6「コミュニケーションの分類②」

◆分類基準を生徒から引き出すことは難しいので，基準を示した上で「例」を答えさせるとよい。

◆答えさせたものは，板書などに残しておき，この後の学習に使用する。

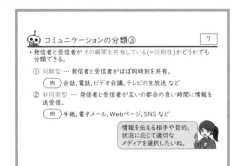

スライド7「コミュニケーションの分類③」

◆発信者が情報を発信するタイミングと，受信者が情報を受信するタイミングに注目させる。

◆直接コミュニケーション，間接コミュニケーションの例などと照らし合わせながら，それぞれの特徴や違いを整理するのもよい。

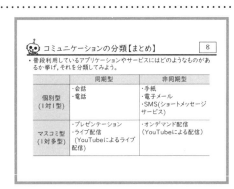

スライド8「コミュニケーションの分類【まとめ】」

◆スライド4と6で取り上げたコミュニケーションの手段を表にまとめさせる。

◆生徒に質問する際には，その回答根拠も合わせて答えさせるようにしたい。

回答例 ダイレクトメッセージ

根拠 1対1のものであり，受け手が読むタイミングを送り手が強制をすることができない。

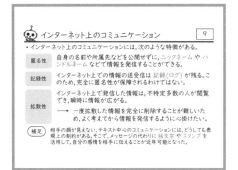

スライド9「インターネット上のコミュニケーション」

◆スライドの内容に入る前に，インターネット上でコミュニケーションをとるときの注意点を生徒に聞いてみてもよい。

2　コミュニケーションと情報デザイン

◆これまでに挙げたコミュニケーション手段について特徴をおさえた上で，それぞれの利点と欠点を確認する。

☠ **本時のまとめ** ⌐10⌐

- 情報技術の発達により，多様なコミュニケーション手段を生み出した。
  - 19世紀まで：手紙，書籍，新聞，電話などが発明。
  - 20世紀以降：ラジオとテレビ，インターネットの普及。
  - ⟶ これらによって，地理的・時間的な制約を超えた。
- 発信者と受信者の 人数 によって，次のように分類できる。
  - ⟶ ① 個別型，② マスコミ型，③ 逆マスコミ型，④ 会議型
- 発信者と受信者の 位置関係 によって，次のように分類できる。
  - ⟶ ① 直接コミュニケーション，② 間接コミュニケーション
- 発信者と受信者が その瞬間を共有している(=同期性)かどうかでも分類できる。
  - ⟶ ① 同期型，② 非同期型

スライド 10「本時のまとめ」

・・・

本時で学ぶ用語

用語	意味
コミュニケーション	情報をやり取りして，意思疎通を図ること。
メディア	情報伝達を仲介する手段。
情報メディア	情報を人に伝えるためのメディア（口頭，書籍，放送）。
表現メディア	伝えたい情報を表現するためのメディア（文字, 図, 表, 静止画, 動画, 音楽）。
伝達メディア	情報を物理的に伝達するためのメディア（紙，インク，空気，電波，電線，電話線，光ファイバ）。
マスコミ型（1 対多数）	発信者 1 人に対し受信者が複数いるようなコミュニケーション手段（新聞やテレビなどのマスメディア，Web ページ）。 ⇔逆マスコミ型（1 対多数，アンケート集計，問い合わせ）
同期型	発信者と受信者が同時刻を共有（電話，会話，チャット）。 ⇔非同期型（手紙，電子メール，SNS，Web ページ）
ARPANET	Advanced Research Projects Agency Network の略。 1969 年アメリカ国防総省が軍事利用を目的として資金提供により構築されたコンピュータネットワーク。世界初のパケット通信であり，後にインターネットの原型となった。

2 アナログとデジタル

・アナログとデジタルの相違点を学び，アナログやデジタルの利点を説明することができる。
・情報の量の表し方を説明することができる。

本時の評価

知識・技能	・アナログとデジタルの相違点について理解している。 ・デジタル情報の特徴について理解している。 ・情報の量の表し方を理解している。
思考・判断・表現	・アナログとデジタルの相違点から，デジタル化のメリットについて考え，説明することができる。
主体的に学習に取り組む態度	・アナログとデジタルの相違点を見つけ，理解しようとしている。

主体的な活動のためのヒント

・アナログとデジタルの違いを生徒から身近な例を切り口として引き出す，あるいは提示する。

注意すべきポイント

・スライド 6 の「【発展】コンピュータが 2 進法を扱うわけ」については扱っていない教科書も多いため，学習状況によっては実施しなくてもよい。

授業展開

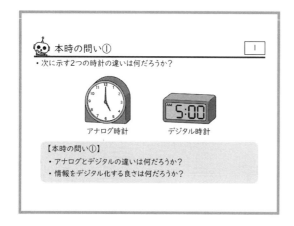

スライド 1「本時の問い①」

◆身の回りには，アナログとデジタルがある。スライド 1 では，アナログ時計とデジタル時計を例に示したが，体重計や体温計（温度計）などを例に挙げてもよい。

◆時間や重さ，温度はアナログデータであるが，デジタル表示を用いることもある。例えば，デジタル体重計では 46.156……kg を「小数第 2 位で四捨五入して」46.2kg として表示している。

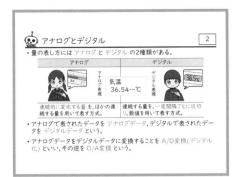

スライド2「アナログとデジタル」

◆アナログはある量を感覚的に認識することが容易である。例えば、デジタル時計よりアナログ時計の方が感覚的に捉えやすい。

◆デジタルは、数値で表されているので、客観的であり、記録や伝達がしやすい。例えば、デジタル時計だとほぼ正確な時刻が瞬時に分かる。

スライド3「デジタルデータのメリット」

◆アナログデータをデジタル化することのメリットについて、生徒に考えさせたい。

◆このスライドには挙げていないが、情報の複製や蓄積が容易にできることや、情報を特定の人以外に見られないように変換すること（＝暗号化）も容易にできること、などもデジタル化するメリットである。

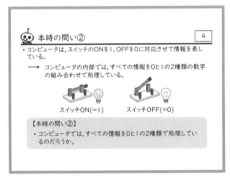

スライド4「本時の問い②」

◆コンピュータは、スイッチのONを1、OFFを0に対応させて情報を表している。つまり、コンピュータの内部では、すべての情報を0と1の2種類の数字の組み合わせだけで処理している。

◆コンピュータでは、なぜこの2種類の数字のみで情報を処理するのか、その利点を生徒に考えさせたい。（スライド6参照）

スライド5「すべての情報を0と1で表現できる？」

◆身近なものと関連付けて説明することで、2進法のイメージやその用途を具体的に理解させたい。

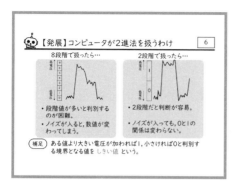

スライド 6「【発展】コンピュータが 2 進法を扱うわけ」

◆電気信号によって動作するコンピュータと 2 進法の相性が良かったため，コンピュータではすべての情報を 2 進法で処理している。

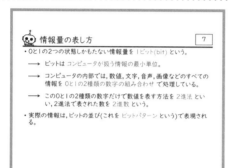

スライド 7「情報量の表し方」

◆ビット（bit）とは，「2 進法の 1 桁」を表す binary digit（バイナリー・ディジット）を省略したものである。これにより生徒の興味を引き，理解度が高まることを期待したい。

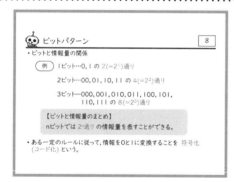

スライド 8「ビットパターン」

◆0 と 1 の数字の並びで，何種類の情報を区別することができるか，生徒に理解させる。また，次のような具体例と情報の量を結び付けたい。

例

1 ビット：硬貨の表→ 0，裏→ 1

2 ビット：春→ 00，夏→ 01，秋→ 10，冬→ 11

3 ビット：北→ 000，北東→ 001，東→ 010，南東→ 011，南→ 100，（以下略）

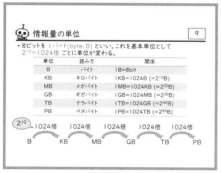

スライド 9「情報量の単位」

◆国際単位系（SI）では，キロ（k）は 1000 倍を表す接頭語であるが，コンピュータの世界では，2 進が基本となるため，慣習的に $2^{10} = 1024$ を基準として扱うことが多い。そのとき，区別のために大文字の「K」で表す。

◆問題によっては，1KB ＝ 1000B とすることもあるので，気を付けさせたい。

スライド 10「本時のまとめ」

・・

本時で学ぶ用語

用語	意味
アナログ	連続的に変化する量を，ほかの連続する量を用いて表す方式。例えば，水銀温度計は，温度を水銀柱の高さで計っている。また，この方式で表された情報を**アナログデータ（アナログ情報）**という。
デジタル	連続する量を一定間隔ごとに区切り，数値を用いて離散的に表す方式。また，この方式で表された情報を**デジタルデータ（デジタル情報）**という。「ディジタル」と表記することもある。
デジタル化	連続する量をデジタルデータに変換すること。
A/D 変換，D/A 変換	アナログデータをデジタルデータに変換することを **A/D 変換**といい，その逆を **D/A 変換**という。
ビット（bit）	0 か 1 かで表される 1 個分の情報量のこと。コンピュータが扱う情報の最小単位。また，n ビットで表現できる情報の量は 2^n 通りである。
符号化（コード化）	ある一定のルールに従って，情報を 0 と 1 に変換すること。
バイト（byte，B）	情報量を表す単位。8 ビットを 1 バイトという。1 バイトで $2^8 = 256$（通り）の情報量を表せる。
しきい値	その値より大きい電圧が加われば 1，小さければ 0 と判断する境界となる値のこと。

3 数値の表現①

本時の目標

・デジタル表示において，2進法を使うことの意義を理解できる。
・10進法と2進法の変換，2進法の加算と減算を理解し扱える。

本時の評価

知識・技能	・10進法と2進法の変換のしかたについて理解し，相互に変換を行うことができる。 ・2進法の加算と減算の方法を理解している。
思考・判断・表現	・10進法や2進法の変換の方法について考え，その結果を適切に表現している。 ・2進法の加算と減算の方法について考え，その結果を適切に表現している。
主体的に学習に取り組む態度	・デジタル情報の表し方について理解し，活用しようとしている。

主体的な活動のためのヒント

・n進法の計算は単調な計算練習になってしまうことが多い。練習用の数値を生徒から募るなどし，授業への参加を促す。

注意すべきポイント

・2進法については，数学Aの「数学と人間の活動」の単元でも扱っているので数学科の教員と連携を図るとよい。

授業展開

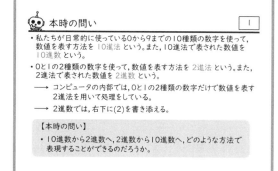

◆前時の授業でデジタル表現では2進法が用いられており，ビットやバイトといった単位を使っていたことを確認したい。

◆10進法と2進法の表現方法の違いなどを整理しながら，それぞれの関係性や変換方法について考えさせる。

スライド1「本時の問い」

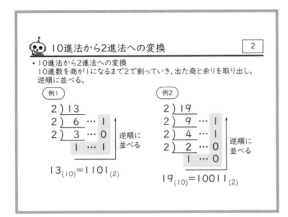

スライド2「10進数から2進数への変換」

◆10進数→2進数と変換させる問題を2〜3問練習するとよい。

補充問題 次の10進数を2進数で表せ。

(1) 65　　(2) 143

解答 (1) $1000001_{(2)}$

　　　　 (2) $10001111_{(2)}$

◆進数をカッコ書きすることを忘れる生徒が多いので注意を促す。

◆2進法については数学Aの「数学と人間の活動」の単元で学習することになっている。なお，数学Aの教科書によっては，商が0になるまで2で割って，逆順に並べる方法を掲載しているものもあるので注意したい。

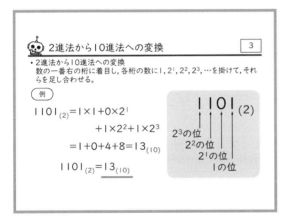

スライド3「2進法から10進法への変換」

◆前スライドと同様に，2進法→10進法を2〜3問練習をするとよい。

◆基数をカッコ書きすることを忘れないよう再度注意を促したい。

◆1桁目は2^1からではなく，$2^0 = 1$から始まることに気をつけるよう意識させたい。

補充問題 次の2進数を10進数で表せ。

(1) $11010_{(2)}$　　(2) $101011_{(2)}$

解答 (1) 26　　(2) 43

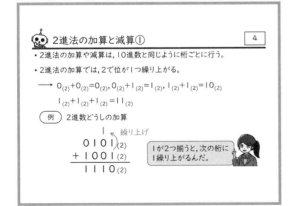

スライド4「2進法の加算・減算①」

◆2進法と10進法の変換をスムーズにできるようになったら，計算方法を指導する。

◆必要に応じて，10進法の繰り上りや繰り下がりがある筆算と比較させてもよい。

補充問題 次の2進数の計算をしなさい。

(1) $0101_{(2)} + 1010_{(2)}$

(2) $1011_{(2)} + 0011_{(2)}$

解答例 (1) $1111_{(2)}$　　(2) $1110_{(2)}$

◆3章において，繰り上がりのある計算を論理回路を用いて説明している。このことを指導者は頭に入れて欲しい。

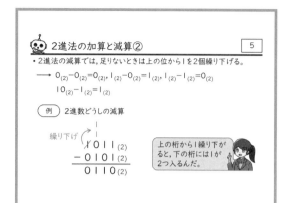

◆繰り下がりの際には，「2」を下げて
　きても良いが，繰り上がりのときに
　「1」を上げているので，統一した方
　が生徒の混乱は少なくなる。

補充問題 次の2進数の計算をしなさい。

(1) $1011_{(2)} - 0101_{(2)}$

(2) $1101_{(2)} - 1010_{(2)}$

解答 (1) $0110_{(2)}$ (2) $0011_{(2)}$

スライド5「2進法の加算・減算②」

. . . .

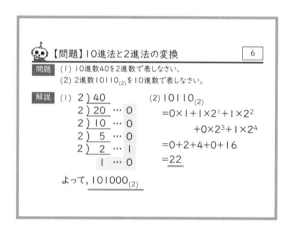

◆スライド6〜7は本時のまとめとな
　る問題である。

スライド6「10進法と2進法の変換」

. . . .

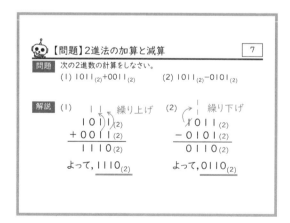

◆生徒のクラスのレベルに応じて，10
　進数の計算を2進法に変換するとこ
　ろから行わせてもよい。

スライド7「【問題】2進法の加算と減算」

. . . .

☠ **本時のまとめ** ⬜8

- 0から9までの10種類の数字を使って，数値を表す方法を 10進法 という。また，10進法で表された数値を 10進数 という。
- 0と1の2種類の数字を使って，数値を表す方法を 2進法 という。また，2進法で表された数値を 2進数 という。
- 10進法から2進法への変換
  10進数を商が1になるまで2で割っていき，出た商と余りを取り出し，逆順に並べる。
- 2進法から10進法への変換
  数の一番右の桁に着目し，各桁の数に1, 2^1, 2^2, 2^3, …を掛けて，それらを足し合わせる。
- 2進法の加算 … 2進法の加算では，2で位が1つ繰り上がる。
- 2進法の減算 … 2進法の減算では，足りないときは上の位から2を1個繰り下げる。

◆問題集などを利用し，自宅での復習を行わせ確かな定着を図りたい。

スライド8「本時のまとめ」

・・・

本時で学ぶ用語

用語	意味
10進法	あらゆる数を0～9までの10種類の数字で表す方法。また，表された数値を **10進数**という。日常生活で一番利用している数の表し方。
2進法	あらゆる数を0と1の2種類の数字で表す方法。また，表された数値を **2進数**という。なお，2進数の表記は，$1001_{(2)}$ あるいは $(1001)_2$ と表すことによって10進法で表現されているものと区別している。

4 数値の表現②

本時の目標

・デジタル表示において，2進法や16進法を使うことの意義を理解できる。
・2進法と16進法の変換，負の数の表現を理解し扱える。

本時の評価

知識・技能	・2進法と16進法の変換のしかたについて理解し，変換を行うことができる。 ・2の補数表現など，数値をデジタル化の方法を理解している。 ・数値を2の補数で表すことができる。
思考・判断・表現	・2進法と16進法の変換の方法について考え，その結果を適切に表現している。 ・限られたビット数で数値を表現する方法について考え，その結果を適切に表現している。
主体的に学習に取り組む態度	・デジタルの表し方について理解し，活用しようとしている。

主体的な活動のためのヒント

・n進法の計算は単調な計算練習になってしまうことが多い。練習用の数値を生徒から募るなどし，授業への参加を促したい。

注意すべきポイント

・2進法については，数学Aの「数学と人間の活動」の単元でも扱っているので数学科と連携をとるとよい。

授業展開

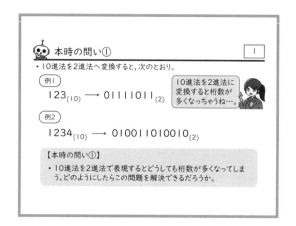

◆10進法の数値を2進法で表すことを例示しながら，2進数で表すと桁数が多くなることに気づかせたい。

スライド1「本時の問い①」

・・・

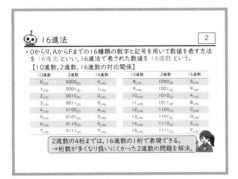

スライド2「16進法」

◆デジタルは2進法と相性が良かったことを確認する（2章第2時参照）。
◆対応表を用いて，16進法の表し方を確認したうえで，10進法の2桁も2進法の4桁も1桁で表せることを確認する。
◆これからの学習の方針として，2進法や16進法を扱うことができるようになることが重要であることを伝える。

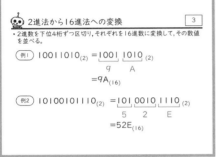

スライド3「2進数から16進数への変換」

◆2進法を4ビットずつに区切って整理する理由を，生徒に聞いてみるとよい。
解答例 16進法は1桁で2進法の4桁目までを表すことができるから。
◆場合によっては次に示す問題を扱いたい。
補充問題 次の2進数を16進数で表せ。
(1) $11011011_{(2)}$　　(2) $11110110_{(2)}$
解答 (1) $DB_{(16)}$　　(2) $F6_{(16)}$

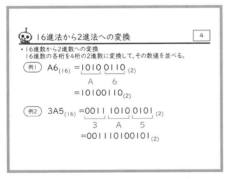

スライド4「16進数から2進法への変換」

◆16進法どうしの加算と減算などは問われることが少ないため，2進法と16進法の変換ができるようになることに重点をおく。
◆場合によっては次に示す問題を扱いたい。
補充問題 次の16進数を2進数で表せ。
(1) $C5_{(16)}$　　(2) $AA_{(16)}$
解答 (1) $11000101_{(2)}$
　　　　 (2) $10101010_{(2)}$

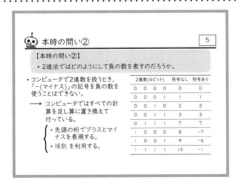

スライド5「本時の問い②」

◆2進法で負の数を表すための方法を指導する。
◆＋や－などの記号は使えないことをおさえる。
◆符号の有無により表しているものがどのように異なっているか表を見ながら確認する。8ビットを例に挙げて説明してもよい。

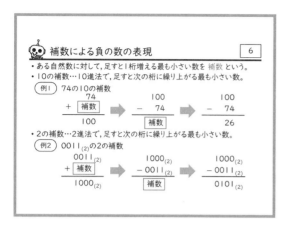

スライド6「補数による負の数の表現」

◆補数の必要性を確認したい

コンピュータはあらゆるプログラムの計算を「足し算」に置き換えて行っている。

引き算では，桁上がりを無視することで足し算による算出を可能にしている。

$8 - 7 = 8 + 3 = \cancel{1}1$

⇒3章第2時の論理回路につなげる。

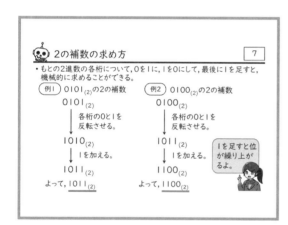

スライド7「2の補数の求め方」

◆1を加えるときに繰り上がりがある場合には注意する。

補充問題 次の2進数の補数を求めよ。

(1) $0101_{(2)}$ (2) $1101_{(2)}$

(3) $10110001_{(2)}$ (4) $01001100_{(2)}$

解 答 (1) $1011_{(2)}$ (2) $0011_{(2)}$

              (3) $01001111_{(2)}$

              (4) $10110100_{(2)}$

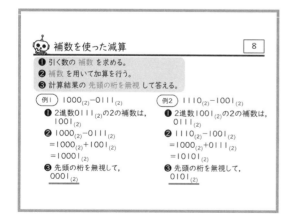

スライド8「補数を使った減算」

◆「減算」であっても「加算」に変換する必要があることを確認する。

◆4ビットの設定なので，5桁目は無視をする。

補充問題 次の2進数の減算を，補数を用いて求めなさい。

(1) $1101_{(2)} - 0110_{(2)}$

(2) $1010_{(2)} - 0111_{(2)}$

(3) $1101_{(2)} - 1010_{(2)}$

解 答 (1) $0111_{(2)}$ (2) $0010_{(2)}$

              (3) $0011_{(2)}$

スライド9「【問題】16進数／補数」

◆本時のおさらいとなる問題のため，習ったことを振り返りながら進めていきたい。

◆生徒に解説する前に，問題を解いて生徒の理解度を確認したい。

スライド10「本時のまとめ」

◆2進法→16進法の変換についての学習はもとより，「補数」についての学習は苦手意識が高く，定着に難航することが予想される。
　1）補数への変換
　2）補数を使った減算
それぞれの場面で十分に練習問題を扱い，ゆっくりとした進度ですすめたい。

本時で学ぶ用語

用語	意味
16 進法	あらゆる数を 0 ～ 9 および A ～ F の 16 種類の数字と文字で表現する方法。また，表された数値を **16 進数** という。
補数	ある自然数に対し，足すと 1 桁増える最も小さな数。

5 文字のデジタル表現

本時の目標

- 文字をデジタル化するしくみと原理を理解する。
- 文字コードにしたがって文字情報をデジタルで表せる。

本時の評価

知識・技能	①文字をデジタルで表現するしくみ・原理を説明することができる。 ②文字をデジタルで表現するするときに生じうる問題を説明することができる。
思考・判断・表現	③文字を目的に応じて適切にデジタルで表現できる。
主体的に学習に取り組む態度	④文字情報が2進法のしくみを使って表現されたバーコードや2次元コードについて調べようとしている。

主体的な活動のためのヒント

- 本時は，コンピュータ内での文字情報のデジタル化について多く扱っているが，バーコードや2次元コード（QRコード）はコンピュータに情報を読み込ませるためのツールであることに言及することで，生活と学習内容を関連付け調べ学習などにつなげる。また，バーコードと2次元コードのデータ容量の違いについて指摘してもよい。※「QRコード」はデンソー商標

注意すべきポイント

- 「文字化け」について馴染みがあるのは教員世代であり，高校生にとってはなじみが無いことが多いだろう。WindowsやAndroidとmac OSやiOSの間でも稀に起こる程度のものであるため，例え話をする際などの場面設定や前提条件をしっかり考える必要がある。

授業展開

💀 本時の問い①

- コンピュータでは，文字，音声，画像，動画などのあらゆる情報を0と1の組み合わせで表現している。

【本時の問い①】
- コンピュータでは，どのようにして文字や記号などを認識し，表現しているのだろうか。

- 文字や記号などの文字列は0と1の組み合わせで表現される。
  - ⟶ 文字に割り振られた固有の数値を 文字コード という。
  - ⟶ 文字と文字コードの対応関係をまとめたものを 文字コード体系 という。
  - 例 ASCIIコード，シフトJISコード など

◆あらゆる情報（今回は「文字」について考える）を2進法で表すことができるのかを考えさせる（なお，英数字や50音に絞る）。

◆コンピュータと人間を比較する。また，人間でもひらがなやカタカナ，アルファベットなどさまざまな文字で表すことを確認し，後述のコンピュータにとってのフォント表現の布石とする。

スライド1「本時の問い①」

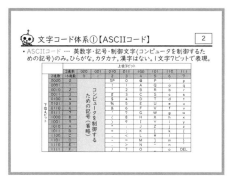

スライド2「文字コード体系①【ASCIIコード】」

◆ ASCII コードには英数字や制御記号の
みで，ひらがなやカタカナ，漢字が含
まれていないことを確認する。

◆ ASCII コードでは，7ビットで128種
類の文字を表現することが可能であ
る。その一方，JIS コードでは1バイ
トで256種類の文字を表現できる。
つまり，ASCII コードは JIS コードと
比較すると使用する容量が少なくなる
という特徴がある。

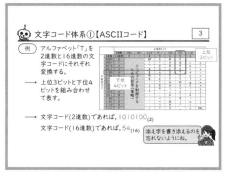

スライド3「文字コード体系①【ASCIIコード】」

◆文字コードの変換方法を説明したあ
と，ほかのアルファベットや数字など
もいくつか例に挙げ，何度か文字コー
ドに変換する作業を試して確認してお
きたい。

◆生徒同士で好きなアルファベットや数
字を組み合わせた簡単なメッセージを
文字コードに変換したものを交換し合
い，どんなメッセージを送ったかを確
認し合うのもよい。

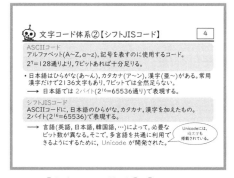

スライド4「文字コード体系②【シフト JIS コード】」

◆バイト数によって表すことのできる文
字種がどのくらい変化するのかをおさ
えておきたい。

◆シフト JIS コードと ASCII コードの違
いについてもしっかりと確認しておき
たい。

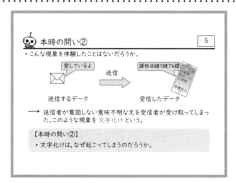

スライド5「本時の問い②」

◆各国，各企業は元々独自の文字コード
体系を使用していたため，同じ2進
数の数値でも違う文字を指定すること
になり，「文字化け」という現象が発
生するようになった。

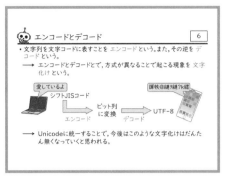

スライド6「エンコードとデコード」

◆エンコード：文字列をデジタル化すること。

◆デコード：エンコードされたものをもとに戻すこと。

◆Unicode にはヒエログリフなどの古代象形文字などもサポートされている。Unicode の一種である UTF-16 では，1文字が1つもしくは2つの16ビットで符号化される（32ビットの場合もあることに注意する）。

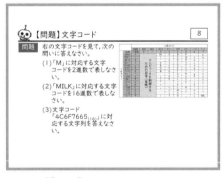

スライド7「フォント」

◆フォントにはさまざまなものがあり，そのフォントデータを持っていないとそのフォントを表示することができないという問題にも言及したい。

◆フォントデータは誰もが作成・販売することができる。

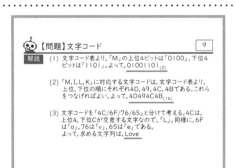

スライド8「【問題】文字コード」

◆本時のまとめとして，練習問題に取り組ませたい。

◆時間に余裕があれば，文字→文字コードに，文字コード→文字に変換する問題を生徒に作問させてみるのも効果的である。

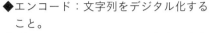

スライド9「【問題】文字コード」

◆スライド3の手順に従って，文字→文字コード，文字コード→文字に変換していきたい。

◆文字コードでは，16進法を扱うので適宜前時までで扱った16進法や2進法についても，場合によっては復習しながら，生徒に理解させたい。

◆若干異なるところの話であるが，「情報の特性」の一つに「個別性」があった。これは情報の送り手と受け手双方の認識や理解などその情報に対する前提の違いによって生じる。同様に文字化けも使用する文字コードという前提が異なることによって生じる。

このようにして，過去の指導内容についての復習をしてもよい。情報は受取手によって解釈が異なるということである。このことを文字コードの違いによる，「文字化け」の一例として提示してもよい。

スライド10「本時のまとめ」

....

本時で学ぶ用語

用語	意味
文字コード	1文字ずつに割り当てられた数値。それをまとめたものを**文字コード体系**（文字規格）という。
ASCII コード （アスキー）	半角英数字や記号，ラテン文字などを表現した文字コード体系。アメリカ規格協会が定めたもの。
JIS（日本産業規格） （ジス）	当初はASCIIにカタカナを追加した体系でJIS 8ビットコード（JIS X0201）が定められる。次に全角の仮名や漢字が追加されたJISコード，シフトJISコード，EUCなどに拡張。
Unicode （ユニコード）	世界中で使用されている多くの文字を統一して扱える国際的な文字コード体系。
エンコード	文字列をビット列に変換すること。その逆を**デコード**という。
文字化け	文字列がその記載者の意図しない文字や記号に変換され表示されてしまう現象。
フォント	文字を表示したり，印刷したりするための文字のデザイン。

6 音のデジタル表現

本時の目標

・音のデジタル化のしくみについて，標本化，量子化，符号化の過程と意味をしっかり理解する。

本時の評価

知識・技能	①音のデジタル化の過程，標本化定理について，基本的用語を押さえながら説明することができる。 ②標本化周期・量子化ビット数とデータ量の関係を説明することができる。 ③音のデータ量を計算することができる。
思考・判断・表現	④目的に応じて音のもつアナログデータを適切にデジタルデータに変換できる。

注意すべきポイント

・音のデジタル変換の工夫時に内容のイメージが困難な生徒がいることが考えられる。音以外の例を示しながら，デジタル化のイメージを持たせるとよい。例えば，デジタル体重計では，ある桁を四捨五入または切り捨てといった処理を行い，デジタル表示をしている。65.102…kgだったとしても，小数点以下を切り捨てて「65kgちょうど！」と表示される。

授業展開

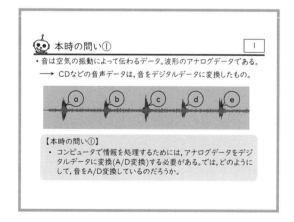

◆「段階的に」区切られたデータのことをデジタルデータということを確認したうえで，連続的な波である「音」を「段階的に区切る」方法を問う。

スライド1「本時の問い①」

. . . .

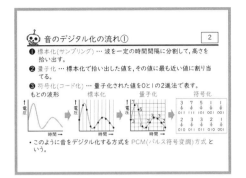

スライド2「音のデジタル化の流れ①」

◆デジタル化は「連続するデータを一定間隔ごとに区切り，数値を用いて表す方式」であったことを確認する（2章2時を参照）。

◆量子化で数値を付したにも関わらず，符号化する理由を生徒に問いたい。
→コンピュータでは0と1の2進法ですべてのデータを処理しているから。

スライド3「音のデジタル化の流れ②」

◆1秒間に標本化する回数を標本化周波数という。

例 音楽CDの標本化周波数は44.1kHz。1秒間に44100回標本化を行う。

◆量子化ビット数が3ビットであれば，0〜7の8段階（＝2^3）でデータを表すことになる。音楽CDの量子化ビット数は16ビットで，2^{16}段階で表せる。

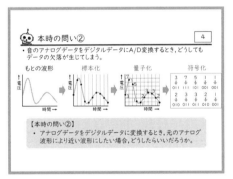

スライド4「本時の問い②」

◆デジタル化の欠点として，データの欠落が生じることであることを押さえる。その際に，図を示しながら説明をするとイメージがしやすい。

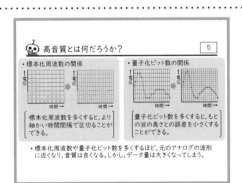

スライド5「高音質とは何だろうか？」

◆標本化周波数や量子化ビット数が大きくなったときのメリットやデメリットを生徒に聞いてみてもよい。
【メリット】元のアナログ波形に近くなり、音質は良くなる。
【デメリット】データ量が大きくなる。

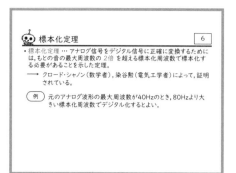

スライド6「標本化定理」

◆音楽CDよりも細かくデジタル化した音源を**ハイレゾ**（ハイレゾリューションオーディオ）という。これにより，通常のデジタル音源では排除されていた部分の音まで聴くことができるようになる。

◆元の周波数の2倍以下になると，元の信号とは異なる波形になってしまう（エイリアシング）可能性がある。

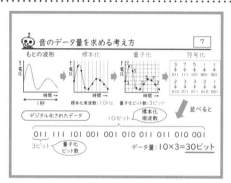

スライド7「音のデータ量を求める考え方」

◆教科書ではあまり細かく説明されていない，音のデータ量を求める考え方について，ここでは丁寧に図解で丁寧に示した。

◆生徒の学習状況に応じては，この内容を割愛して，いきなりデータ量を求める公式を紹介してもよい。

スライド8「音のデータ量の求め方」

◆標本化周波数や量子化ビット数がそれぞれ何を意味しているのかを改めて確認しながら，データ量の求め方について説明するようにしたい。

◆データ量を求める問題では，それぞれの単位などにも注意する必要があることにも触れておく。

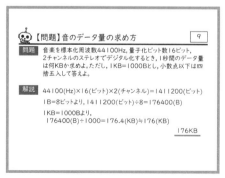

スライド9「【問題】音のデータ量の求め方」

◆今回は1KB＝1000Bとなっているが，本来は1KB＝1024Bであるため，問題ごとの条件に注意する。

◆ステレオではなくモノラルの場合にはどうなるか，標本化周波数や量子化ビット数が変化したらどうなるかなど，値を変えた場合のデータ量の変化についても問うことで，データ量の求め方について確実に理解されられるとよい。

本時のまとめ　　　　　　　　　　10

- 音のデジタル化の流れ(PCM(パルス符号変調)方式による)
  - ❶ 標本化(サンプリング) … 波を一定の時間間隔に分割して,高さを拾い出す。
  - ❷ 量子化 … 標本化で拾い出した値を,その値に最も近い値に割り当てる。
  - ❸ 符号化(コード化) … 量子化された値を0と1の2進数で表す。
- 標本化周波数や量子化ビット数を多くするほど,元のアナログの波形に近くなり,音質は良くなる。
- 標本化定理 … アナログ信号をデジタル信号に正確に変換するためには,もとの音の最大周波数の2倍を超える標本化周波数で標本化する必要があることを示した定理。

◆「デジタル化の手順」については,各種テストで頻出となることが予想される。グラフを用いて必ず習得しておきたい。プリントなどを用いて,実際に生徒たちにデジタル化の過程を経験させてもよい。

◆ PCM 方式以外にも,音の情報を音の高さ,長さ,音色,テンポなどで記録する音のデジタル化手法があり,これを MIDI という。

スライド 10「本時のまとめ」

・・・

本時で学ぶ用語

用語	意味
音の三要素	音は振幅(音の大きさ),周波数(音の高さ),波形(音色)の要素に分けることができる。
標本化(サンプリング)	波を一定の時間間隔に分割して,高さを拾い出す。
量子化	標本化で拾い出した値を,その値に最も近い値に割り当てる。
符号化(コード化)	量子化された値を 0 と 1 の 2 進法で表す。
PCM(パルス符号変調)方式	Pulse Code Modulation の略。音のデジタル化方式の一つ。音のもつアナログデータを標本化・量子化・符号化によりデジタル化する方式。
標本化周期(サンプリング周期)	標本化する時間間隔。
標本化周波数(サンプリング周波数)	1 秒間あたりに標本化する回数。単位は Hz(ヘルツ)。例えば,標本化周波数が 5Hz であれば,1 秒間に 5 回,すなわち,1÷5 = 0.2 秒ごとに標本化することになる。この値を高くするとより細かい時間間隔で波を区切ることができるため,データの欠落量を減らすことができる。
量子化ビット数	量子化する際の段階の数(ビット数)。この値を大きくすると階級値がより細かくなるため,元の波形との誤差が小さくなり,データの欠落量を減らすことができる。
ハイレゾ	High Resolution(ハイレゾリューション)の略。Resolution は解像度を意味し,高解像度の音源のことであり,より元のアナログ波形に近い音源である。またその標本化周波数は,96kHz または 192kHz である。
標本化定理	アナログ信号をデジタル信号に正確に変換するためには,もとの音の最大周波数の 2 倍を超える標本化周波数で標本化する必要があることを示した定理。クロード・シャノン(数学者),染谷勲(電気工学者)によって,証明されている。

7 画像のデジタル表現

・画像をデジタル化するしくみを理解する。
・色のデジタル表現について理解する。

本時の評価

知識・技能	①画像をデジタル化するための原理を説明することができる。 ②色の表現方法について説明することができる。 ③ラスタ形式とベクタ形式の違いについて説明することができる。
思考・判断・表現	④画像を目的に応じた方法でデジタル化することができる。
主体的に学習に取り組む態度	⑤デジタル化された画像情報を目的に応じて解像度や階調の調整を行おうとしている。

主体的な活動のためのヒント

・画像編集に長けている生徒も多い。同じ画像を生徒に配布し，タブレットなどの端末で色調調整を行わせ，作品を完成させてもよい。

注意すべきポイント

・画素（ピクセル）毎に三色（R，G，B）のそれぞれの情報が含まれていることが理解しにくい可能性がある。

授業展開

◆画像のデジタル化を行うときには，光センサで画素の濃淡情報を一定の距離感覚で読み取る（空間的標本化）。音声は時間的な標本化であった。基準の違いに注意したい。

スライド 1「本時の問い」

スライド2「画像のデジタル化の手順」

◆音のデジタル化同様に，画像も標本化，量子化，符号化の順にデジタル化していく。

◆コンピュータで扱う画像は，画像を構成する最小単位である画素（ピクセル）の集合体によりできている。

◆画素それぞれには色の明るさや濃淡の情報をもっている。

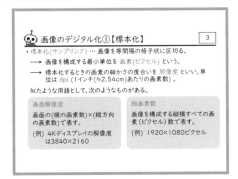

スライド3「画像のデジタル化①【標本化】」

◆「4K」や「8K」は，おおよその横の画素数を表している。なお，通常テレビの放映はフルハイビジョン（2K）。

◆解像度を高くする＝画素を細かくする（画像がきめ細かくなめらかになる）。

◆1インチ≒2.54cm。

◆dpi は dots per inch の略であり，これ以外にもプリンタでは ppi（pixels per inch の略）という単位を用いている。

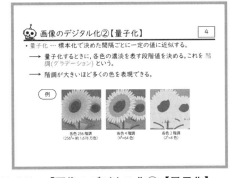

スライド4「画像のデジタル化②【量子化】」

◆光の三原色それぞれの画素の明るさを濃淡値といい，その一番暗い状態から一番明るい状態までをいくつに分けるかを表したものが階調。

◆明るさの情報を白から黒までの階調で表現したグレースケールについて言及してもよい。

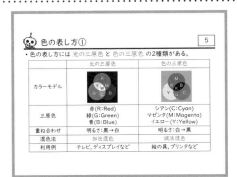

スライド5「色の表し方①」

◆減法混色では，色を重ねていくと明るさが減少し，黒色に近づく。加法混色の場合は，色を重ねていくと，明るさが増し，白色になる。

◆プリンタなどの印刷では色の三原色が用いられ，C，M，Y のすべてを最大濃度で混ぜ合わせると黒になる。実際の印刷では黒をはっきり印刷するために，これに加えて黒（K：Key Plate の略）のインクが用意されている。

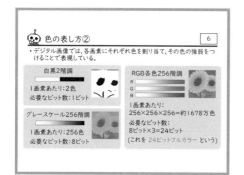

スライド6「色の表し方②」

◆0〜255階調は256段階であると確認をする。
◆1画素ずつにRGBの3色の情報がそれぞれ記録されており，それら3色それぞれに画素が割り当てられているわけではない。

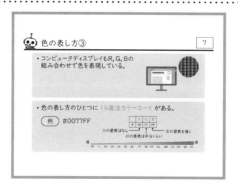

スライド7「色の表し方③」

◆コンピュータディスプレイを顕微鏡で見ると，さまざまな色がRGBの組み合わせで作られていることが確認できる。
◆Webページを制作するときは，16進法カラーコードで色を指定する。

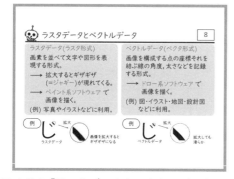

スライド8「ラスタデータとベクトルデータ」

	ラスタデータ	ベクトルデータ
内容	色のついた点（ドット）の集合。	数値データの集合。
利点	圧縮を行わなければ，劣化しない。	画像を自由に変形できる。
欠点	データ容量が膨大になる。	処理に負荷がかかる。

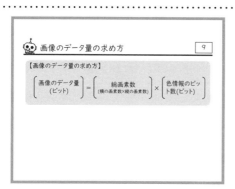

スライド9「画像のデータ量の求め方」

◆画素数や色情報について改めて確認しながら，データ量の求め方について説明するようにしたい。
◆データ量を求める問題では，それぞれの単位などにも注意する必要があることにも触れておく。

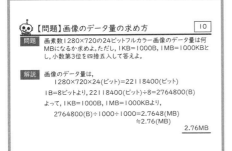

スライド 10「【問題】画像のデータ量の求め方」

◆今回は 1KB ＝ 1000B となっているが，本来は 1KB ＝ 1024B であるため，問題ごとに条件をよく確認する必要がある。
◆他の実習例として，次を扱ってもよい。
◆数値から画像を再現する（参考：707 実践情報Ⅰ（開隆堂）p.97）。
◆ラスタデータとベクトルデータの画像を拡大して，違いを確認する。

スライド 11「本時のまとめ」

◆本時のまとめとして，次に示す問いを生徒に投げかけてみたい。

| 問　い |

解像度を高くしたり，階調を増やしたりする際の利点と欠点を挙げよう。

| 解答例 |

〔利点〕きめ細かく滑らかな画像になる。
〔欠点〕データ量が増え扱いにくい。

本時で学ぶ用語

用語	意味
画素（ピクセル）	画像を構成する最小単位。1 つの画素に 3 色の階調情報が入る。
解像度	画素の細かさを指す。画素数を下げるとモザイクのようになる。ディスプレイの解像度は横 × 縦の総画素数で表される。
階調	画像の色成分を一番暗い状態から一番明るい状態までをいくつに分けるかを表したもの。光の三原色それぞれの画素の明るさを濃淡値という。
光の三原色	赤（R：Red），緑（G：Green），青（B：Blue）。RGB と言われる。混ぜると明るさが増し，白に近づく。これを**加法混色**という。
色の三原色	シアン（C：Cyan），マゼンタ（M：Magenta），イエロー（Y：Yellow）。CMY と言われる。混ぜると暗くなり，黒に近づく。これを**減法混色**という。
ラスタデータ（形式）	ビットマップ形式ともいう。画像を並べて文字や図形を表現する形式。
ベクトルデータ（形式）	ベクタ形式ともいう。画像を構成する点の座標，それを結ぶ線の角度，太さなどを記録する形式。
ジャギー	ラスタデータの画像を拡大したときに現れるギザギザ。

8 動画のデジタル表現

本時の目標

・動画をデジタルで表現する方法について理解する。

本時の評価

知識・技能	①動画の表現方法について説明することができる。 ②動画のデータ量を計算できる。
思考・判断・表現	③動画を目的に応じた方法で圧縮することができる。
主体的に学習に 取り組む態度	④数値・文字・音声・画像などのデジタル化された情報を，主体的かつ適切に取り扱おうとしている。

主体的活動を促すポイント

・データ量について，生徒が利用しているスマートフォンやパソコンにおけるデータの扱いをもとに話をしてもよい。メールや SNS で送信できるデータ量の制限やそれらで送れないときにどのような方法で送ることができるのかなど生活に即して話を展開することで興味を引き出したい。

注意すべきポイント

・本時の後半では，デジタル化のまとめとして「音」「画像」「動画」の計算問題を取り上げている。場合によっては，各項目で扱っても問題はない。

授業展開

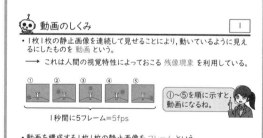

◆動画は目の網膜や脳で起こる残像現象（残像効果）を利用したものである。
◆「パラパラ漫画」や「アニメ」も動画のしくみと同じようにして作られている。
◆アニメの制作過程を動画サイトから引用して生徒に提示してもよい（なお，著作権に注意させたい）。

スライド 1 「動画のしくみ」

. . . .

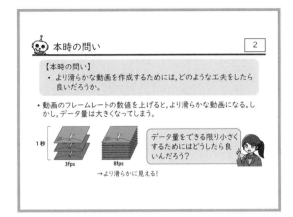

スライド2「本時の問い」

◆動画のフレームレートを上げると，1秒あたりに表示する静止画像の枚数が多くなるため，データ量は多くなることを補足したい。

◆データ量をできる限り小さくするためにはどうしたらよいか考えさせる。

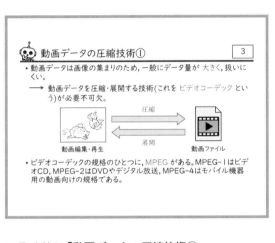

スライド3「動画データの圧縮技術①」

◆ビデオコーデックの規格のひとつに、MPEG（Moving Picture Experts Groupの略）があることを確認する。

◆MPEG4はデジタルデータをどのようにして映像や音に変換するかを決めているルール。

◆mp4は動画や音声，字幕などのデータをひとつにまとめて格納したファイルの形式を指す。

◆MPEG4はビデオコーデックの規格であるが，私たちがよく目にするmp4は動画のファイルフォーマットであることに注意したい。

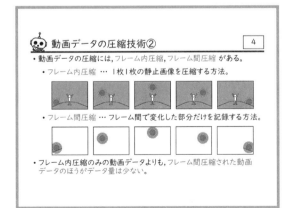

スライド4「動画データの圧縮技術②」

◆動画データの圧縮には，フレーム内圧縮，フレーム間圧縮の2種類があり，実際はそれらを組み合わせて圧縮していることを説明したい。

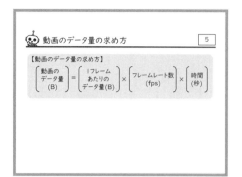

スライド5「動画のデータ量の求め方」

◆計算問題は共通テストでも問われる可能性が高いため，傍用問題集がある場合には，演習や宿題に用いるとよい。
◆計算の際には単位を合わせることの必要性にもあらためて言及する。

スライド6「【問題】動画のデータ量の求め方」

◆単位換算を意識させる。
◆色のデータ量について
フルカラー（RGB）：24ビット
CMYKカラー：32ビット
→黒が加わるため，データ量は8ビット増える。
グレースケール：8ビット
→色のチャンネルが1つだが，色調が256段階ある。

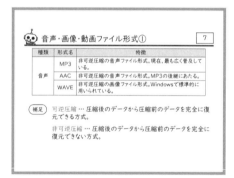

スライド7「音声・画像・動画ファイル形式①」

◆紙面の都合上，音声・画像・動画のファイル形式について，本時で扱っているが，第9時のデータの圧縮にて扱うのは望ましい。
◆本スライドは第8時に扱うことを想定して，可逆圧縮と非可逆圧縮についての説明を補足に入れた。詳しくは第9時にて扱う。

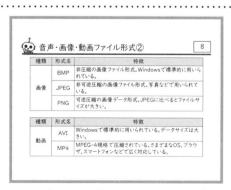

スライド8「音声・画像・動画ファイル形②」

◆本スライドで扱ったファイル形式以外のものも場合によっては扱いたい。

2　コミュニケーションと情報デザイン

◆スマートフォンのフレームレート数は設定から確認ができる。

◆例えば, iOS では次の手順でフレームレートを確認することができる。

❶ iOS ではホーム画面上で「設定」→「カメラ」を選択。

❷ ビデオ撮影, スローモーション撮影, それぞれのフレームレートが分かる。

スライド 9「本時のまとめ」

・・

本時で学ぶ用語

用語	意味
動画	1枚1枚の静止画像を連続して見せることにより, 動いているように見えるにしたもの。
フレーム	動画を構成する1枚1枚の静止画像。
フレームレート	1秒あたりに表示するフレームの数。単位は fps（frames per second の略）。例えば, 映画は約 24fps, テレビ放送は約 30fps。
ビデオコーデック	動画データを圧縮・展開する技術。
フレーム内圧縮	1枚1枚の静止画像を圧縮する方法。
フレーム間圧縮	フレーム間で変化した部分だけを記録して圧縮する方法。
MPEG	Moving Picture Experts Gropu の略。ISO により設置された動画技術の専門家組織の略称であり, ここで作られた動画ファイルにかんする標準規格。MPEG-1 は VHS 並の品質で圧縮・記録, MPEG-2 は DVD や放送メディアに利用され, MPEG-1 と比べ高画質になっている。近年, 低画質から高画質まで幅広く対応するために MPEG-4 が開発された。これにより通信速度の遅いメディアでも使用することが可能となった。

9 データの圧縮

- 情報のデータ量を小さくする方法について知る。
- データを圧縮したときの利点と欠点を理解する。

本時の評価

知識・技能	①与えられたデータ量から圧縮率を求めることができる。
思考・判断・表現	②圧縮率をもとに圧縮効率を判断することができる。

主体的な活動のためのヒント

- 問題演習は無機的な計算練習になりがちだが、生徒が実際に使うようなものを想定して授業を進めるとよい。たとえば、画像や動画を送るとき、ダウンロードするときに「オリジナル」か「圧縮版」かを選択する場面が彼らにはある。

授業展開

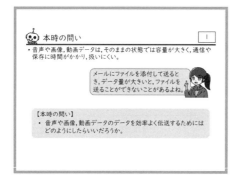

スライド1「本時の問い」

◆音声，画像，動画データはそのままの状態では容量が大きく，通信や保存に時間がかかり扱いにくい。そこで，何らかの方法でデータ量を減らす処理（＝**圧縮**）が必要になることを伝えていきたい。

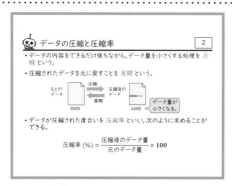

スライド2「データの圧縮と圧縮率」

◆圧縮されたデータを元に戻すことを**展開**というが，教科書によっては**伸長**，**解凍**としていることもあるので，注意したい。

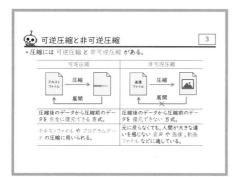

スライド3「可逆圧縮と非可逆圧縮」

◆圧縮には**可逆圧縮**と**非可逆圧縮**があることを示し，その圧縮方式の違いと使い分けについて考えさせる。

◆可逆圧縮はテキストファイルやプログラムデータなどに，非可逆圧縮は音声や画像，動画ファイルなどの圧縮に適している。その理由についても考えさせたい。

スライド4「ランレングス法①」

◆可逆圧縮の中で有名な圧縮方法にランレングス法やハフマン符号化がある。

◆**ランレングス法**は，連続した文字列をその個数で表す方法である。

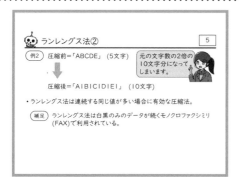

スライド5「ランレングス法②」

◆一般的な文書では，連続した文字が続くことはまれであり，ほとんどの文字の後ろには1が付くことになり，ファイルサイズが大きくなってしまう。

　つまり，ランレングス法は連続する同じ値が多い場合のみに有効な圧縮法であることを認識させたい。

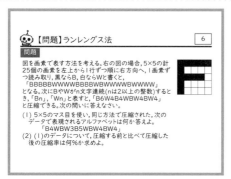

スライド6「【問題】ランレングス法」

◆ランレングス法はモノクロファクシミリで利用されている。ここでは，白黒の画像データをランレングス法により圧縮する方法について考えたい。また，時間に余裕があれば圧縮したものを展開させたい。

スライド7「【問題】ランレングス法」

◆ランレングス法はモノクロファクシミリで利用されている。ここでは，白黒の画像データをランレングス法により圧縮する方法について考えたい。また，時間に余裕があれば圧縮したものを展開させたい。

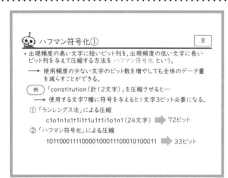

スライド8「ハフマン符号化①」

◆同じ文字列が続く文章は，ほとんどないためランレングス法は使いどころが少ない。そこで，ファイルの内容に応じて圧縮法を選択する必要がある。
◆7種類の文字を2進法で表現するには，少なくとも23通りが必要になる。つまり，constitution（計12文字）を表すのに36ビット必要になる。これに対してランレングス法で圧縮すると，データ量が2倍になる。

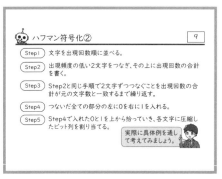

スライド9「ハフマン符号化②」

◆出現回数順に，単に0，1，01，11，100，101，111と符号を振っていくと，文字の区切りが分からなくなってしまう。そこで，ハフマン木を利用して考えるとよい（スライド10参照）。

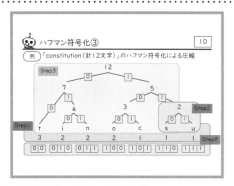

スライド10「ハフマン符号化③」

◆実際は，各文字列に対するハフマン符号の表がつくため，圧縮率はこれよりも低くなる。ある程度の長さをもつ長文においては，母音などの出現頻度が高い文字に対して少ないビット数の符号を割り当てができることができる。
→文書全体のデータ量と比較し，ハフマン符号の表のデータ量は小さくなる。
→ランレングス法より高い圧縮率が期待される。

本時のまとめ [11]

- データの内容をできるだけ保ちながら,データ量を小さくする処理を 圧縮 という。圧縮されたデータを元に戻すことを 展開 という。
- 圧縮には 可逆圧縮 と 非可逆圧縮 がある。
  - 可逆圧縮 … 圧縮後のデータから圧縮前のデータを完全に復元できる方式。
  - 非可逆圧縮 … 圧縮後のデータから圧縮前のデータを復元できない方式。
- 同じデータが連続するとき,そのデータと連続する回数を並べて表す圧縮法を ランレングス圧縮 という。
- 出現頻度の高い文字に短いビット列を,出現頻度の低い文字に長いビット列を与えて圧縮する方法を ハフマン符号化 という。

◆本時のまとめとして,次に示す問いを生徒に投げかけてみたい。

問 い

ランレングス圧縮において,圧縮率が高くなる画像はどのようなものか。

解答例

青一色の空や海のように同じ色をもつ画像。

スライド 11「本時のまとめ」

・・

本時で学ぶ用語

用語	意味
圧縮	データの内容をできるだけ保ちながら,データ量を小さくする処理。静止画の画像形式の場合,圧縮されたものは,JPEG 形式,GIF 形式,PNG 形式の画像形式が用いられることが多い(圧縮されていない静止画の画像形式には BMP 形式などがある)。
展開(伸長,解凍)	圧縮されたデータを元に戻すこと。
圧縮率	どれくらいの割合でデータが小さくなっているかを表している。圧縮率が高いということは,「圧縮率の値が小さく,圧縮の効率」がよいということである。 圧縮率(%)$= \dfrac{\text{圧縮後のデータ量}}{\text{元のデータ量}} \times 100$ で求めることができる。
可逆圧縮	圧縮後のデータから圧縮前のデータを完全に復元できる方式。
非可逆圧縮	圧縮後のデータから圧縮前のデータを復元できない方式。
ランレングス法	同じデータが連続する部分に注目する圧縮法。モノクロファクシミリで利用されている。
ハフマン符号化	出現頻度の高い文字に短いビット列を,出現頻度の低い文字に長いビット列を与えて圧縮する方法。

10 情報デザイン

本時の目標

・情報をわかりやすく，正確に伝える方法について理解する。

本時の評価

知識・技能	①デザインとアートの違いを理解し，情報をわかりやすく伝達するための手段（文字，図の表現，配色，グラフ利用などの工夫）の基本的な方法を理解している。
思考・判断・表現	②目的や伝達対象を想定して，情報を視覚化して表現することができる。 ③情報伝達におけるデザインの工夫について検討し，提案できる。
主体的に学習に取り組む態度	④身の回りにある情報デザインについて，課題を見つけ，解決するための表現の工夫をする学習活動を自ら進んで行い，評価を受けて改善を図る。

主体的な活動のためのヒント

・本時は，第2章の中で生徒にとって一番馴染みのある内容である。身近な題材を用いて授業を行うことを意識したい。

授業展開

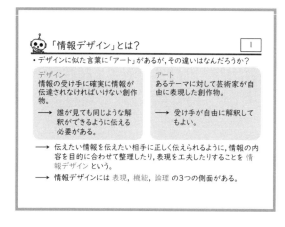

◆「デザイン」と「アート」があるが，それぞれ異なる性質ものであることを伝えたい。

◆情報デザインには表現，機能，論理の3つの側面があるが，本時は「表現」について扱っていく。

スライド1「「情報デザイン」とは？」

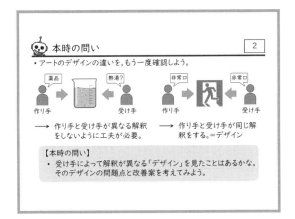

スライド2「本時の問い」

◆本時の問いに対する生徒の答えを募る
のも可能だが，授業前に生徒たちに探
してくるよう課題として出しておいて
もよい。その他の有名な例として下記
の図が挙げられる。他には『妻と義母』
や『アヒルとウサギ』などがある。

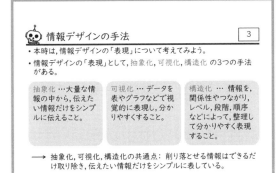

スライド3「情報デザインの手法」

◆「→」以下は隠しておき，三つのデザ
イン方法の共通点について生徒に見出
させてもよい。
◆文字サイズやさまざまなフォント，図
を用いることにより，文章だけの情報
よりも目的に応じた「直感的な理解」
を促すことができるようになる。

スライド4「情報デザインの方法①【抽象化】」

◆**ピクトグラム**とは，1964年に開催さ
れた東京オリンピックのとき「たくさ
んの国から来る人たちみんなが分かる
絵文字をつくろう」というコンセプト
のもと，考案された視覚記号である。
このときのピクトグラムが高い評価を
得，デザインを変化させながら受け継
がれている。
◆ピクトグラムは，日本の産業製品生産
に関する規格であるJISで制定された
図記号に含まれている。これは，同じ
意味を表す異なるピクトグラムの乱立
を防ぐためである（R4情報関係基礎）。

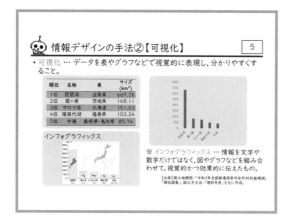

◆表やグラフにしてまとめると，視覚的に特徴や傾向をとらえやすくなり，分かりやすく相手に伝えることができる。

◆インフォグラフィックスは，「Information（情報）＋ Graphics（画像）」から派生した造語である。文字や数字だけの羅列では要点が伝わりづらい情報も視覚的に把握できる。

◆他にも，可視化の手法として，樹形図やベン図，フローチャートなどがある。

スライド 5「情報デザインの手法②【可視化】」

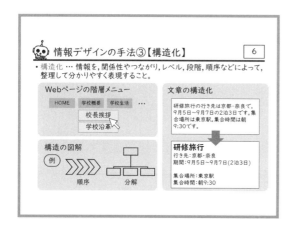

◆それぞれの構造化が生活のどのような場面で用いられているか見つけ出させる。あるいは，本時冒頭で生徒に提示させたものの例とも照らし合わせる。

ファミレスのランチメニュー
・食事が並列されている。
・セットの組み合わせが分岐され，前菜，メイン，デザートと順に選ぶ。
・価格ランクによる階層分け。

スライド 6「情報デザインの手法③【構造化】」

例
場所：地図，施設案内
アルファベット：辞書，電話帳
時間：歴史年表，スケジュール
カテゴリ：動物の分類，レストランのメ
　　　　　ニュー
階層：重要度順の ToDo リスト，身長順
（R4.11 共通テスト試行問題）

スライド 7「情報の整理と分類」

◆生徒には，何を伝えたいのか。伝える
ためには，どこに着目させるのか。を
考えさせたい。

◆本時を踏まえて，冒頭で列挙させた不
明瞭な情報デザインの改善案をまとめ
させる課題を提示してもよい。

スライド8「本時のまとめ」

・・

本時で学ぶ用語

用語	意味
情報デザイン	情報の内容を目的に合わせ整理し，表現することで，伝えたい情報を正確にかつわかりやすく伝えるようにすること。発信者と受信者との間で異なる解釈が出ないようにうる。
デザイン	情報の受信者に確実に情報が伝達されなければいけないものであり，誰が見ても同じように正しい意図が同じように伝わる必要がある。
アート	テーマに対して発信者が自由に表現したもの。受信者が自由に解釈してもよい。
抽象化	伝えたい情報を図や絵などでシンプルに伝える。情報デザインの方法の1種。
可視化	必要な情報を取り出して，視覚的に表現し，分かりやすくする。情報デザインの方法の1種。文字や数字だけの羅列では要点が伝わりづらい情報もインフォグラフィックスなどで視覚的に把握できる。
構造化	情報を関係性やつながり，レベル，段階，順序などを整理して分かりやすく表現する。
LATCH法	リチャード・ソール・ワーマンによって提唱された情報の分類方法。情報は5つの方法で分類・整理をすることができるとしている。Location（位置），Alphabet（アルファベット順），Time（時間），Category（カテゴリー），Hierarchy（序列）。それぞれの有効性に即して分類する。
ピクトグラム	情報やメッセージを文字を使用せずに表現した絵や記号。
インフォグラフィック	データや情報を視覚的に表現したもの。

11 効果的なデザインとは

単元の目標

・情報を正確に，わかりやすく伝える方法について理解し，実践できる。

本時の評価

知識・技能	①情報をわかりやすく伝達するための文字や図表，グラフの表現を工夫し，基本的な方法を理解している。
思考・判断・表現	②情報を目的に沿って，視覚化して表現することができる。 ③情報デザインの工夫について，提案することができる。
主体的に学習に取り組む態度	④情報をわかりやすく伝達するために，あらゆる工夫をして表現する学習活動を自ら進んで行い，評価を受け改善を図った。

主体的な活動のためのヒント

・日常生活にあるデザインから学習を深めていく。教科書や本テキストを参考にできる限り，街中にあるデザインの写真を撮りためておくと生徒にとって身近な学習となる。

注意すべきポイント

・前提として物理的なデザインについておさえ，その上で情報デザインを考える。

授業展開

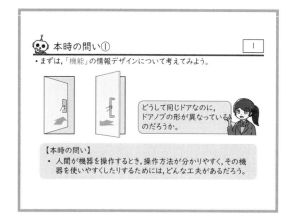

◆スライドの例以外にも，以下のような
例がある。
1）点字や階段の手すり
2）一眼レフカメラのダイヤルにある
　ようなイラスト
3）スマホの画面 UI
→直感的にボタンを押してしまうなど

スライド 1「本時の問い①」

2　コミュニケーションと情報デザイン

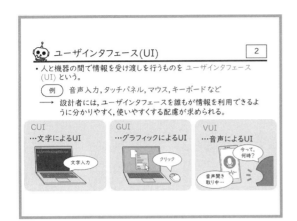

◆VUIの話をする際には，NUIの話（「本時で学ぶ用語」を参照）に触れてもよい。AI技術の発展により，さまざまなUIの選択肢が生まれるようになってきた。そして，使用感の快適さはUIに大きく影響される。

◆使いにくさを感じているものなどについての意見を生徒から募るとより主体的な学習につながるだろう。

スライド2「ユーザインタフェース（UI）」

. . . .

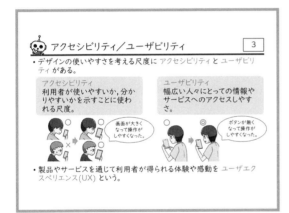

◆アクセシビリティとユーザビリティの違いに注意したい。

◆アクセシビリティは誰もが使える状態にすることに重点を置く。

例）携帯電話の操作がボタンからタッチディスプレイになり使い勝手が向上。一方，目が見えない人にとっては使いづらくなってしまった。そこで，音声UIで入力できるようにすることにより，この問題は解決。

→選択肢を複数用意するとよいと考えた。

スライド3「アクセシビリティ／ユーザビリティ」

. . . .

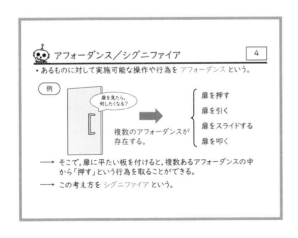

◆扱っている教科書は少ないが生徒の興味をひく内容であるためぜひ扱ってほしい。

◆どのような操作をすればよいかのサインとなるものをシグニファイアといい，実施の可能な操作や行為を表すアフォーダンスとは異なる。

スライド4「アフォーダンス」

. . . .

スライド5「バリアフリー／ユニバーサルデザイン」

◆バリアフリーとユニバーサルデザインの違いに注意したい。
　→障壁を「取り除く」のか，「最初からつくらない」のか。

スライド6「カラーバリアフリー①」

◆色弱や色盲の人に配慮したい。クラス内に該当する生徒がいる場合には配慮する。また，色覚異常について知らない生徒もいることが予想される。自動車免許取得時に色覚テストをやることなどに触れ，他人事ではなく，身近な話題とて考えさせたい。

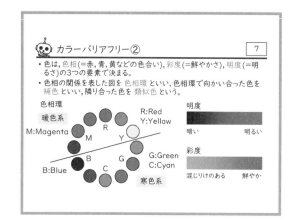

スライド7「カラーバリアフリー②」

◆カラーバリアフリーの例として，小田急線の路線図を提示するとよい。（https://www.odakyu.jp/rail/）
◆カラーバリアフリーを意識して，色だけではなく，文字や数字の情報を加えたり，色に斜線を加えたりするとよい。

2　コミュニケーションと情報デザイン

◆ユニバーサルデザインの身近な事例の写真を生徒に撮影させる課題を出し，主体的な活動を図りたい。

◆本スライドを用いて，次のことも考えさせたい。
　1）バリアフリーなのか，ユニバーサルデザインなのか。
　2）どのような特徴があるのか。
　3）どのような人が対象なのか。

スライド8「身の回りにあるユニバーサルデザイン」

. . . .

◆ユニバーサルデザインフォントではないが，フォントの工夫されたデザインとして，道路標識では，車が通過する一瞬で読み取ることができるように複雑な字も簡略かして書かれていることに触れてもよい。

スライド9「ユニバーサルデザインフォント」

. . . .

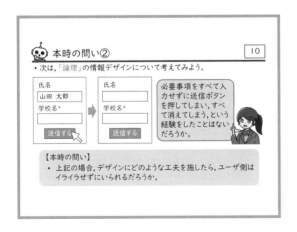

◆安全工学的な視点も情報デザインの一種である。

◆人間は複雑な操作は苦手であり，ミスする生き物であることを前提にデザインを考える必要がある。

スライド10「本時の問い②」

. . . .

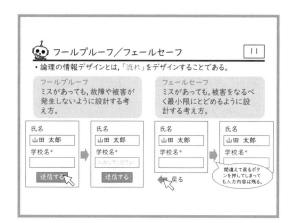

◆ほかにも次のような考え方がある。

◆フォールトアボイダンス…高品質・高信頼性の部品などを使用することで、機器などの故障が発生する確率を下げていくこと。

◆フォールトトレランス…故障などでシステムに障害が発生した際に、システムの処理を続行できるようにすること。

スライド11「フールプルーフ／フェールセーフ」

◆省略された用語が多く出てくるので一つ一つの正式名称や意味についてしっかり確認をしたい。

◆似たような用語については、区別ができるように何度も違いを強調しながら確認することをお勧めする。

スライド12「本時のまとめ」

本時で学ぶ用語

用語	意味
ユーザビリティ	ソフトウェアやWebサイト、機器やサービスの使いやすさ。わかりやすく、使いやすいものほど、ユーザビリティが「高い」という。
アクセシビリティ	幅広い人々が使えるかどうかの尺度。使うことができる人が多いほど、アクセシビリティが「高い」という。
ユーザインターフェース（UI）	User Interface。人とコンピュータとの間で情報の受け渡しを担う。情報技術の発展に伴いさまざまな種類が現れた。
ユーザエクスペリエンス（UX）	User eXperience。UIの使いやすい、わかりやすいという感覚に加え、使い心地や感動、印象なども重視したサービス利用者の体験。

キャラクターユーザインターフェース (CUI)	Character User Interface。文字だけで情報の表示を行う。文字入力のルールを知らなければ使うことができない。
グラフィカルユーザインタフェース (GUI)	Graphical User Interface。行う操作の内容やその対象をアイコンとよばれる絵柄で表示することで，ユーザはマウスやタッチパネルを用いて直感的に操作することができるようになった。
ナチュラルユーザインターフェース (NUI)	Natural User Interface。発話や身振り手ぶりといった人間どうしのコミュニケーションのようなもので機器を操作する。AI 技術の発展により可能となった。
ボイスユーザインターフェース（VUI）	Voice User Interface。NUI のひとつ。声によってあらゆる情報のやり取り（操作）をおこなうことができる。
シグニファイア	人間に特定の行動を促すしくみ。
アフォーダンス	あるものに対する実施可能な操作や行為を表す。
バリアフリー	高齢者や身体の不自由な人が支障なく生活することができるように，ものを利用する際の障壁を取り除く工夫。特に情報分野におけるものを「情報バリアフリー」という。
ユニバーサルデザイン（UD）	Universal Design。日常生活で使用する機器や道具，サービスなどは利用者の能力や国籍，身体的特徴で制限されるべきではなく，誰もが使える形につくられるべきだとする考え方やデザインを表す。

3 コンピュータとプログラミング （16 時間扱い）

単元の目標

コンピュータで情報が処理される仕組みに着目し，プログラミングやシミュレーションによって問題を発見・解決する活動を通して，次の事項を身に付けることができるよう指導する。

評価規準

知識・技能	①コンピュータや外部装置の仕組みや特徴，コンピュータでの情報の内部表現について理解している。 ②アルゴリズムを表現する手段，プログラミングによってコンピュータや情報通信ネットワークを活用する方法について理解し技能を身に付けている。 ③社会や自然などにおける事象をモデル化する方法，シミュレーションを通してモデルを評価し改善する方法について理解している。
思考・判断・表現	④コンピュータで扱われる情報の特徴とコンピュータの能力との関係について考察している。 ⑤目的に応じたアルゴリズムを考え適切な方法で表現し，プログラミングによりコンピュータや情報通信ネットワークを活用するとともに，その過程を評価し改善することができる。 ⑥目的に応じたモデル化やシミュレーションを適切に行うとともに，その結果を踏まえて問題の適切な解決方法を考えている。
主体的に学習に取り組む態度	⑦問題解決にコンピュータを積極的に活用し，自ら結果を振り返って改善しようとしている。 ⑧生活の中で使われているプログラムを見いだして改善しようとすることなどを通じて情報社会に主体的に参画しようとしている。

指導計画

次	時	主な学習活動
第1次 「コンピュータの構成とそのしくみ」	1	コンピュータを構成する装置やコンピュータが動作するしくみについて理解する。
	2	基本的な論理回路（AND回路，OR回路，NOT回路）や，半加算回路，全加算器について理解する。
第2次 「アルゴリズムとプログラミング」	3	アルゴリズムとその表現方法およびプログラミング言語について理解する。
	4	プログラミングにおける変数，算術演算子の扱い方について理解する。
	5	プログラミングにおける反復処理や分岐処理の表現方法について理解する。
	6	プログラミングにおける配列の扱い方について理解する。
	7	プログラミングにおける関数の役割や使い方について理解する。
	8	探索のアルゴリズム（線形探索，二分探索）の特徴や処理の流れについて理解する。
	9	整列のアルゴリズム（交換法，選択法）の特徴や処理の流れについて理解する。

第 3 次 「モデル化とシミュレーション」	10	モデル化の手順やモデルの分類，モデルを用いたシミュレーションの利点について理解する。
	11	表計算ソフトウェアの基本的な使い方や，表計算ソフトウェアを利用したシミュレーション方法について理解する。
第 4 次 「プログラミング実習」	12 ～ 16	WebAPI を活用して，生活をよりよくするためのチャットボットを制作する。（スライドデータは，実習前の第 11 時までを掲載）

授業で扱うプログラミング言語の選択について

　大学入学共通テストの情報 I では，特定の言語に依存しない「共通テスト用プログラム表記」が使われる。なお，情報関係基礎で用いられた DNCL とは仕様が若干異なるので，注意したい。

　情報 I の授業を行うにあたって，どの言語を選択するか課題となるが，共通テストを意識すると Python との親和性が高く良いだろう。中学までの学習状況や生徒の理解度に応じては Scratch を利用するものよいだろう。また，プログラム作成にあたって ChatGPT の活用もおすすめしたい。Python や JavaScript などの言語については，プロンプトで指定すれば対応できる。

定期テストの作成方針について

　共通テストを意識すると，「じゃんけん」，「素数判定」，「文字列の並び替え」，「単語数のカウント」などの生徒にとって身近な題材を定期テストで扱うと良いと思われる。「情報関係基礎」で出題された問題も題材としては良いものが揃っているのでおすすめしたい。しかし，情報 I の試作問題と比較すると，難易度が高くなるため，ヒントとなる問題を用意しながら利用するとよい。また，いきなりプログラミングの問題に取り組ませるのではなく，フローチャートをかかせ，イメージをつくった上で取り組ませることも一案である。

　出題形式としては，プログラムの一部を空所にする出題が好ましい。その際に，代入する値の範囲やループの離脱条件などを問いたい。

【例】円周率 π を求めるシミュレーション（モンテカルロ法）

```
(1)  point = 100000
(2)  inner_point = 0
(3)  i を 0 から point － 1 まで 1 ずつ増やしながら繰り返す：
(4)  │ x = 小数乱数 ()
(5)  │ y = 小数乱数 ()
(6)  │ もし，x * x ＋ y * y ＜ 1 ならば：
(7)  └ └ inner_point = inner_point + 1
(8)  pi = 4 * inner_point ／ point
(9)  表示する ("円周率：", pi)
```

※小数乱数 () は 0 以上 1 以下の小数をランダムに返す関数である。
※プログラムの表記は令和 7 年度大学入学共通テスト試作問題「情報」の概要 p.18 共通テスト用プログラム表記に準ずる。

　一方，シミュレーションの分野においては，アトラクションや店舗における待ち行列，サイコロの目の出方，複利法による預金金額と利子，円周率 π の近似値，誕生日問題（モンテカルロ法）などが考えられるので，是非題材として利用していただきたい。

1 コンピュータとソフトウェア

・コンピュータを構成する装置やコンピュータが動作するしくみについて理解する。

本時の評価

知識・技能	①コンピュータの五大装置について説明することができる。 ②コンピュータにおけるデータと制御の流れについて説明することができる。 ③周辺装置とインタフェースについて説明することができる。 ④ハードウェアとソフトウェアの違いについて説明することができる。
思考・判断・表現	⑤コンピュータにおける処理の流れを，図などを用いて表現することができる。 ⑥コンピュータの各装置の役割を理解したうえで，目的に応じた装置を選択，利用することができる。
主体的に学習に取り組む態度	⑦コンピュータを構成する装置や，コンピュータのしくみについて理解しようとしている。 ⑧コンピュータの各装置の役割を理解し，適切な操作に役立てようとしている。

注意すべきポイント

・CPUや基本ソフトウェアなどについて，多の生徒が日常生活でコンピュータを利用している際に目にしたり意識したりする機会がないことに留意する。

・上記の事柄などは，その役割や違いなどをイメージしづらいことが想定されるため，それぞれの特徴や関係性などをていねいに確認しながら進めたい。

授業展開

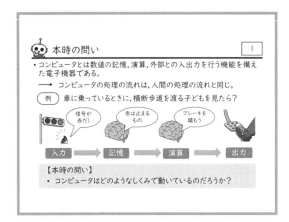

◆自動運転システムなどを例に，コンピュータの処理の流れに置き換えての説明もしておきたい。
　①カメラなどのセンサーで信号を感知する。
　②赤信号は「止まる」の合図である。
　③①と②をもとに計算する。
　④ブレーキを作動させる。

スライド1「本時の問い」

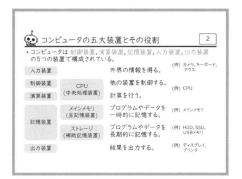

スライド2「コンピュータの五大装置とその役割」

◆デスクトップパソコンなどでは一般的に，記憶装置，演算装置，制御装置のみがコンピュータ本体に置かれ，マウスやプリンターなどの入出力装置は本体に接続するかたちで外に置かれることが多い。

- -

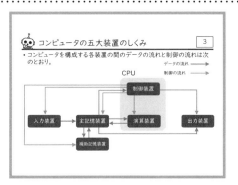

スライド3「コンピュータの五大装置のしくみ」

◆コンピュータの五大装置の「データの流れ」，「制御の流れ」をおさえておきたい。単なる暗記にはならないよう，意味をおさえ理解しながら覚えて欲しい。

◆コンピュータでの情報処理は，プログラムと呼ばれる処理手順をあらかじめ指示しておく必要がある。

- -

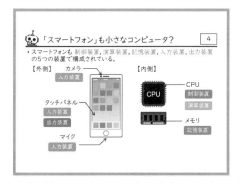

スライド4「スマートフォンも小さなコンピュータ」

◆パソコンやスマートフォンだけでなく，家電製品や電車・航空機など，コンピュータは身のまわりのさまざまな機器に組み込まれていることをおさえたい。

◆スマートフォンなどのように，本体に基本的な装置がすべて内蔵されているものもある。

- -

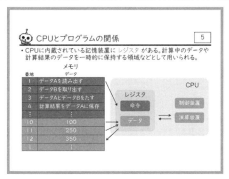

スライド5「CPUとプログラムの関係」

◆レジスタは主記憶装置から取り出したプログラムの命令を一時的に保存したり，主記憶装置から取り出したデータや演算装置で行った演算結果などを一時的に保存したりしている。

- -

スライド6「コンピュータの周辺機器」

◆インタフェース（interface）は「接点」「境界面」という意味であり，異なる2つのものを接続するための規格や概念のことを指す。つまり，インタフェースはコンピュータ本体と周辺装置との接点となる。

◆人とコンピュータの接点となるキーボードやタッチパネルなどは，ユーザインタフェース（UI）と呼ばれる。

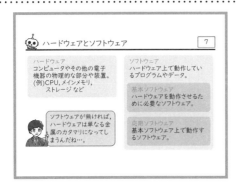

スライド7「ハードウェアとソフトウェア」

◆基本ソフトウェアは「オペレーティングシステム（OS）」，応用ソフトウェアは「アプリケーションソフトウェア（アプリ）」と呼ばれることもある。

◆スマートフォンで例えると，アプリは応用ソフトウェア，本体はハードウェアである。

スライド8「ソフトウェアの種類」

◆オペレーティングシステム（OS）は，タスク管理，メモリ管理，ファイル管理などの管理機能がある。

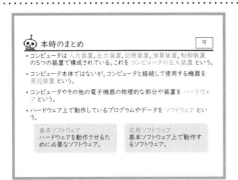

スライド9「本時のまとめ」

◆各名称はもちろん押さえておきたいが，処理の流れについては共通テストで出題されやすいと予想されるため，装置どうしがどのような関りの中で接続されているのかは重点的に確認しておきたい。

3　コンピュータとプログラミング

用語	意味
入力装置	キーボードやマウス，スキャナ，マイクといった，情報を外部から入力するための装置。
出力装置	ディスプレイやプリンタ，スピーカーといった，情報を外部へ出力するための装置。
記憶装置	プログラムやデータを記憶しておくための装置。プログラムを処理するための一時的な記憶場所として利用される主記憶装置と，データの長期的な保存場所として利用される補助記憶装置がある。
演算装置	プログラムを処理するためのさまざまな演算を行う装置。
制御装置	プログラムの命令をもとに指示を出すことで，他の装置を制御する装置。
コンピュータの五大装置	コンピュータを構成する装置を，その役割によって，入力装置，出力装置，記憶装置，演算装置，制御装置の5つに大きく分類したもの。
中央処理装置（CPU）	Central Processing Unit の略。プログラムを実行するための装置。演算装置と制御装置を合わせたもの。
主記憶装置（メインメモリ）	記憶装置のうち，プログラムやデータを処理するための一時的な記憶場所として利用されるもの。データの処理速度は速いが，容量が少なく，電力供給を失うと記憶したデータが消えてしまう性質（揮発性）を持っている。
補助記憶装置（ストレージ）	記憶装置のうち，プログラムやデータの長期的な保存場所として利用されるもの。処理速度は主記憶装置に劣るものの，容量が大きく，電源供給がなくてもデータが消えることはない。
周辺装置	キーボードやマウス，ディスプレイやプリンタ，USBメモリなどの，コンピュータ本体に接続して利用する装置。
インタフェース	コンピュータ本体と周辺装置の接続に用いられる規格のこと。USBやHDMIといった有線のものと，Bluetoothといった無線のものがある。
ハードウェア	コンピュータを構成する要素のうち，ディスプレイやマウスなどのように物理的に存在する（触れられる）装置や部品のこと。
ソフトウェア	ハードウェア上で動作する，物理的に存在しない（触れることができない）プログラムやデータなどのこと。
基本ソフトウェア（オペレーティングシステム，OS）	ハードウェアと応用ソフトウェアの仲介役として，ハードウェアの制御などを行うソフトウェア。例えば，Windows，mac OS，Chrome OS，iOS，Android などがある。
応用ソフトウェア（アプリケーションソフトウェア，アプリ）	基本ソフトウェア上で動作する，特定の作業に用いるソフトウェアの総称。表計算ソフトウェアや画像処理ソフトウェアなど，さまざまな種類がある。

2 論理回路

- コンピュータによる演算のしくみについて理解する。
- 基本的な論理回路（AND 回路, OR 回路, NOT 回路）や半加算回路について理解する。

本時の評価

知識・技能	①論理回路による演算のしくみについて説明することができる。 ②半加算回路によって実現できる処理について説明することができる。
思考・判断・表現	③論理回路の構成や入出力などを，図記号や論理式，真理値表を利用して表現できる。
主体的に学習に 取り組む態度	④基本的な論理回路を組み合わせることにより，さまざまな入出力を実現できることに興味や関心を示している。

注意すべきポイント

- 基本的な論理回路の仕組みは単純ではあるが，回路ごとの処理の特徴や，半加算回路のような複数の回路を組み合わせた複雑な回路における処理の理解に苦戦する生徒も少なくないことが想定される。そこで，図記号を用いて論理回路を実際に表現してみる，任意の論理回路における入出力表を作成してみるなどの演習を繰り返すことで確実に理解させたい。
- 論理回路の理解を図るために，あんこエデュケーションの論理回路シミュレータ（SimcirJS）（https://anko.education/tool/simcirjs）を用いて，生徒に実習や演習を行いたい。

授業展開

スライド1「本時の問い」

◆コンピュータ内部では，数値や文字，音声，画像，動画などの情報は，すべて「0」と「1」の組み合わせ（2進法）で表現されている。（2章参照）

◆スライドで示した豆電球の例以外にも，共通テスト情報Ⅰ試行問題で出題された航空機のトイレの例を挙げたりすると，生徒の理解がより深いものとなる。

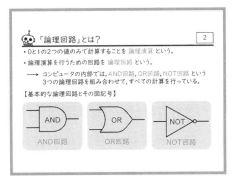

スライド2「「論理回路」とは？」

◆ AND 回路，OR 回路，NOT 回路のほかにも NAND（否定論理積）回路や NOR（否定論理和）回路や，XOR・EOR（排他的論理和）回路などがある。
　→これらはいずれも AND 回路，OR 回路，NOT 回路の３つを組み合わせることでも実現することができる。

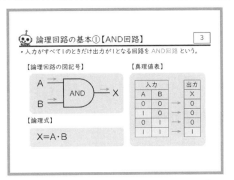

スライド3「論理回路の基本①【AND 回路】」

◆ AND回路は，論理積回路とも呼ばれる。
◆電気回路における直列回路をイメージするとよい。
◆真理値表は，論理回路における入出力の関係を示す表である。

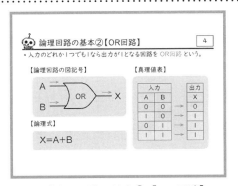

スライド4「論理回路の基本②【OR 回路】」

◆ OR 回路は，論理和回路とも呼ばれる。
◆電気回路における並列回路をイメージするとよい。

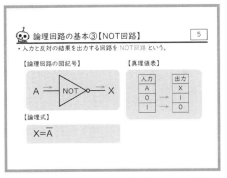

スライド5「論理回路の基本③【NOT 回路】」

◆ NOT 回路は，否定回路とも呼ばれる。

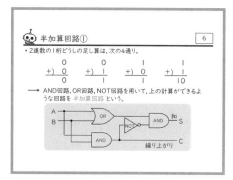

スライド 6「半加算回路①」

◆半加算回路は，AND 回路，OR 回路，NOT 回路の基本的な論理回路を組み合わせることで，1 桁どうしの加算を表現した回路である。

◆S が一の位の和，C が繰り上がりの結果をそれぞれ出力する。

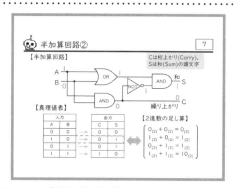

スライド 7「半加算回路②」

◆半加算回路は $10_{(2)}$ ＋ $01_{(2)}$ などの下位からの繰り上がりを考慮しない回路であるが，$01_{(2)}$ ＋ $01_{(2)}$ などの下位からの繰り上がりを考慮した全加算回路という回路もある。

◆全加算回路は，半加算回路と OR 回路の組み合わせで構成される。

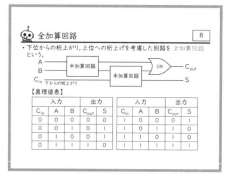

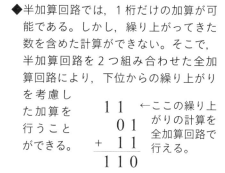

スライド 8「全加算回路」

◆半加算回路では，1 桁だけの加算が可能である。しかし，繰り上がってきた数を含めた計算ができない。そこで，半加算回路を 2 つ組み合わせた全加算回路により，下位からの繰り上がりを考慮した加算を行うことができる。

$$\begin{array}{r} 11 \\ 01 \\ +\ 11 \\ \hline 110 \end{array}$$

←ここの繰り上がりの計算を全加算回路で行える。

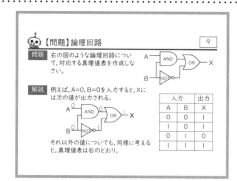

スライド 9「【問題】論理回路」

◆各部分における入出力を 1 つずつ丁寧に確認しながら進めていけば，決して難しい問題ではないことを印象付けたい。

◆コンピュータ内部では，特殊な方法による複雑な計算が行われているわけではなく，単純な計算（加算）を高速で繰り返すことで，さまざまな処理が行われている。

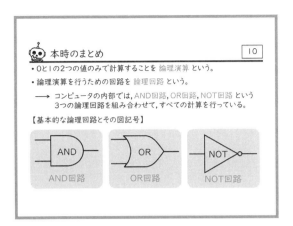

◆論理回路の有用性を生徒に理解させる
ために，本時のまとめとして，試作問
題の第1問の問3を扱いたい。

スライド10「本時のまとめ」

・・

本時で学ぶ用語

用語	意味
論理演算	「0」と「1」の2つの値を用いて行う演算のこと。
論理回路	論理演算を行うための回路。さまざまな種類が存在するが，どれもAND回路，OR回路，NOT回路という3つの基本的な回路の組み合わせで実現することができる。
AND回路	入力がすべて「1」のときのみ，出力が「1」となるような回路。論理積回路とも呼ばれる。
OR回路	入力のどれか1つでも「1」であれば，出力が「1」となるような回路。論理和回路とも呼ばれる。
NOT回路	入力を反転させた結果（入力が「0」であれば「1」，入力が「1」であれば「0」）を出力する回路。否定回路とも呼ばれる。
真理値表	論理回路における，すべての入力の組み合わせとそれに対応する出力を1つの表にまとめたもの。
半加算回路	AND回路，OR回路，NOT回路を組み合わせることで，1桁どうしの加算を表現した回路。半加算回路は下位からの繰り上がりを考慮しない回路である。
全加算回路	半加算回路を組み合わせて作られる下位からの桁上がり，上位への桁上げを考慮した回路。

3 アルゴリズム

本時の目標

本時の目標

・アルゴリズムとその表現方法を理解し，簡単なアルゴリズムをフローチャートやアクティビティ
　図で表現できる。
・プログラミング言語のおもな種類とその特徴について理解する。

本時の評価

知識・技能	①アルゴリズムやプログラムについて説明することができる。 ②基本的な制御構造について説明することができる。 ③プログラミング言語について説明することができる。
思考・判断・表現	④フローチャートやアクティビティ図を用いて，簡単なアルゴリズムを表 　現できる。
主体的に学習に 取り組む態度	⑤制御構造を組み合わせることにより，さまざまなアルゴリズムが表現で 　きることに興味や関心を示している。 ⑥プログラミング言語にはさまざまな種類があることを把握し，目的に応 　じて適切なプログラミング言語を選択しようとしている。

注意すべきポイント

・身近な問題などを題材にアルゴリズムを考えてもらい，フローチャートやアクティビティ図を実
　際に作成させることで，内容の理解だけでなく表現ができるようになることを目標に進めたい。

授業展開

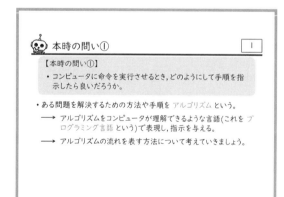

◆アルゴリズムは，料理のレシピや家具
　を組み立てる際の説明書など，私たち
　の身近な場面でも使用されている。
◆アルゴリズムを考えることで，手順が
　明確になり，無駄なく効率的な作業が
　可能になる。

スライド1「本時の問い①」

3　コンピュータとプログラミング

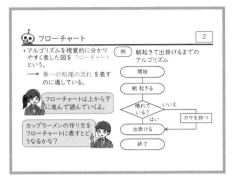

スライド2「フローチャート」

◆フローチャートは,「**流れ図**」とも呼ばれる。
◆フローチャートは,その名の通り上から下へ流れるように処理を表記する。
◆同時並行で行う作業の表現には向いていないことに気を付けたい。

スライド3「フローチャートの記号一覧」

◆フローチャートでは,アルゴリズムの手順を「箱」で表し,箱と箱を矢印で繋ぐことで,手順の流れを視覚的に表現できる。
◆フローチャートには目的や用途に応じたさまざまな方式が存在する。代表的なものとしては,JIS X 0121というJIS(日本産業規格)が定めたものなどがある。

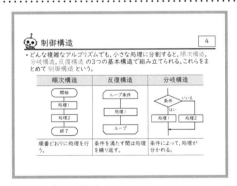

スライド4「制御構造」

◆分岐構造における条件(論理式)は,Yes(真・True)かNo(偽・False)で答えられる形で定義する。
◆反復構造のループ条件には,論理式を満たすかどうかや,指定した回数分だけ繰り返したかどうかなどを指定する。

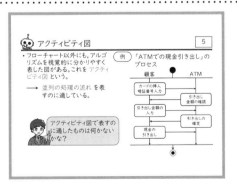

スライド5「アクティビティ図」

◆アクティビティ図は,並列の処理の流れを表すのに適している。
◆アルゴリズムをアクティビティ図で表現することで,無駄のない処理手順になっているかどうかなどをチェックしやすくなり,処理の効率化などに活用することができる。

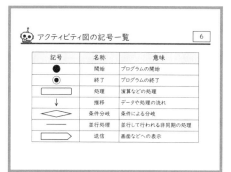

スライド6「アクティビティ図の記号一覧」

◆アクティビティ図は，UML（統一モデリング言語）の一種であり，書き方のルールが統一されている。

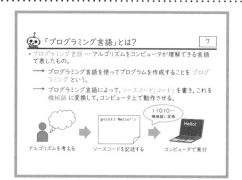

スライド7「プログラミング言語とは？」

◆コンピュータは指示されたことを正確かつ高速に実行できるが，指示されたこと以外は実行できず，手順が誤っていたとしても指示通りに実行してしまう。そのため，プログラミングを行う際は，誤字や脱字，あいまいな部分などがないよう，正確に記述することが重要である。

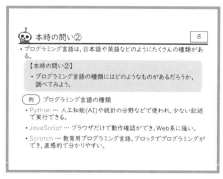

スライド8「本時の問い②」

◆ほかにも，Java や C 言語，表計算マクロ言語など，さまざまな種類が存在する。

◆言語により得意な処理が異なったり，特定のソフトウェア上でのみ動作したりするような言語もあるため，どのような問題をどのように処理するかなどを考慮したうえで，適切な言語を選択する必要がある。

スライド9「コンパイラ方式とインプリンタ方式」

◆コンパイラ方式は「英語の本をいったんすべて日本語に翻訳してから，翻訳された本を読むようなイメージ」。

◆インプリンタ方式は「通訳を介在させながら英語で話すイメージ」と生徒に説明するとイメージがつきやすいと思われる。

スライド10「本時のまとめ」

◆あらゆるアルゴリズムが3つの基本構造で組み立てられていることは特におさえておきたい。

◆プログラム（名詞）を作成することをプログラミング（動詞）という。また，プログラミングを行う人をプログラマと呼ぶ。

本時で学ぶ用語

用語	意味
アルゴリズム	問題を解決するための方法や手順を，決まった形の式や言葉で表現（定式化）したもの。日常生活でも，問題解決のためにさまざまなアルゴリズムが用いられている。
フローチャート（流れ図）	アルゴリズムを視覚的にわかりやすく表現するための方法の一つ。さまざまな記号を利用してアルゴリズムを表現する。単純な手順などは容易に書くことができるが，同時並行の処理の表現は難しい。
順次構造	アルゴリズムの制御構造の一つ。各処理が直線的につながっており，順番に処理を行う構造である。
反復構造	アルゴリズムの制御構造の一つ。判定条件が満たされている間は処理を繰り返し実行する構造である。繰り返し構造とも呼ばれる。
分岐構造	アルゴリズムの制御構造の一つ。条件によって実行する処理が分かれる構造である。選択構造とも呼ばれる。
アクティビティ図	アルゴリズムを視覚的に分かりやすく表現するための方法の一つ。フローチャートと同じく，さまざまな記号を利用して一連の処理手順を表現する。アクティビティ図では，並行した処理なども分かりやすく表せる。
プログラム	アルゴリズムをコンピュータが理解できる言語で表したもの。コンピュータに処理してほしい内容を記した命令文の集合体である。
プログラミング	プログラミング言語を用いてプログラムを作成すること。
プログラミング言語	アルゴリズムを記述するために考えられた専用の言語。文字を使って書くものだけでなく，絵やブロックを組み合わせるものなども存在する。
ソースコード	プログラミング言語によって書かれた文字や数字，記号などのこと。コードとも呼ばれる。ソースコードをもとにプログラムが作成される。
機械語	コンピュータが理解できる言語のこと。機械語はそのままでは人間には理解しづらいため，機械語に変換しやすく，人間にも理解しやすいプログラミング言語でソースコードを記述し，ソースコードを機械語に変換することでプログラムを実行している。

4 プログラミングの基本①

・プログラミングにおける変数や算術演算子の使い方について理解する。

本時の評価

知識・技能	①プログラミングにおける変数の役割を説明することができる。 ②算術演算子の種類とその意味について説明することができる。
思考・判断・表現	③関数や変数などを利用してプログラムを作成することができる。 ④実行したい処理に応じた正しい算術演算子を選択できる。
主体的に学習に取り組む態度	⑤正しい実行結果を得るための適切なソースコードを記述しようとしている。 ⑥作成したプログラムを実行した際の出力結果について自身で考えたうえで，実際に実行することで結果を確認しようとしている。

注意すべきポイント

・関数や変数，演算子はプログラミングの基本となる部分であるため，使い方や役割を確実に理解させたい。また，実行環境の利用やソースコードの入力は慣れていない生徒にとってはかなり時間のかかる作業であるため，しっかりと作業の時間をとり，丁寧に手順を説明することが重要である。

・本書では，プログラミング言語として，Python を扱うが，生徒の状況やコンピュータ室の環境に応じては，JavaScript や表計算マクロ言語（VBA）を使用してもよい。

・いきなり英語のプログラミングに挑戦することに抵抗がある場合には，日本語でプログラムを記述できる「つちのこ（https://t-daimon.jp/tsuchinoko/ide/）」などもある。「つちのこ」は Python や大学入学共通テストの疑似言語とも親和性が高く初学者向けにはよい。

授業展開

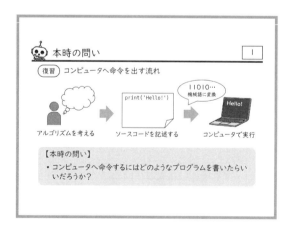

◆コンピュータへ命令するためには，プログラミング言語を用いてプログラムのもととなるソースコードを記述する必要がある。

◆コンピュータは，ソースコードを機械語というコンピュータが理解できる言語に変換し，プログラム（命令）を実行する。

スライド1「本時の問い」

スライド2「文字列や数値を表示させる方法」

◆プログラミングにおける関数とは，特定の処理をひとまとめにしたものである。print関数は，与えられた文字列や値を表示する，という処理をひとまとめにした関数である。

◆関数は，「関数名（引数）」の形で記述する（関数によっては，引数を指定しないものや，複数指定するものも存在する）。

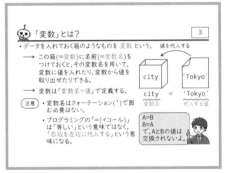

スライド3「「変数」とは？」

◆プログラムでは，具体的な数値や文字を直接記述するのではなく，変数に値を代入したり，変数から値を取り出すことで処理を行うような書き方をすることにより汎用性が高いプログラムになる。

◆変数を利用することで，変数を用いたすべての部分を一度に変更することができ，新しい機能の追加などもしやすくなる。

スライド4「変数の定義とその取り出し方」

◆変数はあくまでも「箱」であるため，箱の中身に何を入れるか，今何が入っているのか，などは常に意識してプログラミングを行う必要がある。

◆変数名をつける際には，何に利用するのかが分かりやすい名前にするよう心がけるとよい。

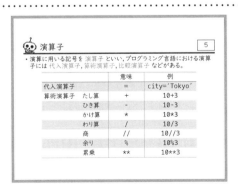

スライド5「演算子」

◆かけ算には「×」ではなく「＊」を利用することに特に注意する。

◆代入演算子や算術演算子だけでなく，比較演算子（＜，＞など）などさまざまな演算子が存在する。

◆言語により，同じ処理であっても使用する演算子が異なる場合がある。

◆「//」は小数点以下を切り捨てる除算。計算結果の整数値のみを表示する。

スライド6「算術演算子を用いたプログラム」

◆演算子にも，数学における計算と同じ優先順位が存在する。優先順位が異なる演算子が複数含まれていた場合には，優先順位の高いものから順番に演算が行われるため注意が必要である（括弧で囲むことで順位を変更することもできる）。

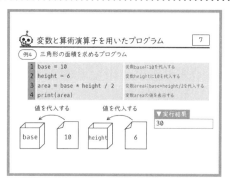

スライド7「変数と算術演算子を用いたプログラム」

◆変数を用いてプログラムを作成しておけば，変数 base と変数 height に代入する値を変更するだけで，さまざまな三角形の面積を求めることが可能になる。

◆変数を利用することで，値を繰り返し利用でき，修正もしやすいプログラムを作成することができる。

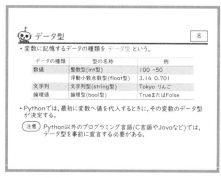

スライド8「データ型」

◆ Python では，最初に変数に変数へ値を代入すると，その変数のデータ型が決定する。

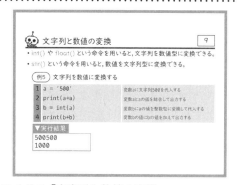

スライド9「文字列と数値の変換」

◆データ型は生徒にとって馴染みがないと思われるので，サンプルプログラムを利用して丁寧に指導したい。

◆型変換せず，文字列と数値を結合させて，エラーが生じることを確かめさせてもよい。

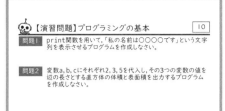

スライド 10「【演習問題】プログラミングの基本」

ヒント（解答は巻末に掲載）
問1　名前が変数となる。
　　　→変数を name や namae とし，
　　　「name = '　　　'」の形をつくる。
問2　直方体の体積は「縦×横×高さ」，
　　　側面積は「底面の周の長さ×高さ」
　　　で求められることを確認する。

スライド 11「本時のまとめ」

◆作業が早い生徒と遅い生徒の開きが出
てしまう可能性があるため，作業が早
い生徒が自身で行える＋αとなる課題
を用意しておくとよい。

本時で学ぶ用語

用語	意味
Python	1991 年にオランダ人のグイド・ヴァンロッサム氏が開発したプログラミング言語。簡潔で読みやすく，初学者でもとりかかりやすい言語となっている。人工知能や深層学習，データ解析の分野などで広く利用され，近年注目されているプログラミング言語である。
対話型実行環境	コンピュータと対話するような形でコードを記述していくことができる環境のこと。
関数	特定の処理をひとまとめにした，プログラムの部品のようなもの。ある値（引数）を渡すと，その値に応じた特定の処理の実行やそれによって求められた値（戻り値）を返す機能をもつ。
変数	データを入れるための箱のようなもので，自由に名前（変数名）をつけることができる。変数名を指定することで，指定した変数に値を入れたり，入れておいた値を取り出したりすることができる。
演算	変数への値の代入や，計算処理などを行うこと。
算術演算子	足し算や引き算をはじめとした計算に利用される演算子のこと。そのほかにも，値の代入に使われる代入演算子や，値の比較に使われる比較演算子など，さまざまな種類が存在する。

5 プログラミングの基本②

・プログラミングにおける反復構造や分岐構造の表現方法について理解する。

本時の評価

知識・技能	①反復構造（for文・while文）の表現方法を説明することができる。 ②分岐構造（if文）の表現方法を説明することができる。 ③比較演算子の種類と意味について説明することができる。
思考・判断・表現	④反復構造・分岐構造を含んだプログラムを作成することができる。 ⑤実行したい処理に応じた正しい比較演算子を選択できる。
主体的に学習に取り組む態度	⑥正しい出力結果を得るための適切なソースコードを記述しようとしている。 ⑦作成したプログラムを実行した際の出力結果について自身で考えたうえで，実際に実行することで結果を確認しようとしている。

主体的な活動のためのヒント

・for文で書かれている文をwhile文で書き換えるなどの活動を取り入れても良い。

注意すべきポイント

・本時で扱うプログラムは，代入演算子や算術演算子，比較演算子など複数の要素を組み合せたプログラムとなっている。各行の処理を1つずつ丁寧に説明し，プログラムは意味不明な文字の羅列ではなく，これまで習ってきた基本的な要素の組み合わせで構成されていることを理解させたい。

・プログラムで必ず半角のスペースを入れなければならないところについてスライド上では␣を用いて表現している。

授業展開

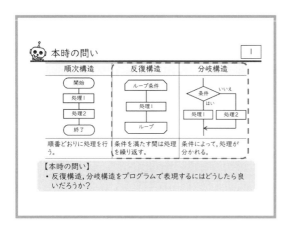

◆反復構造や分岐構造の表現のためには，反復処理や分岐処理の書き方はもちろん，条件式の書き方の理解なども必要になってくる。

◆反復構造や分岐構造のような，プログラムの流れをコントロールする命令文は「制御文」とも呼ばれる。

スライド1「本時の問い」

3 コンピュータとプログラミング

112

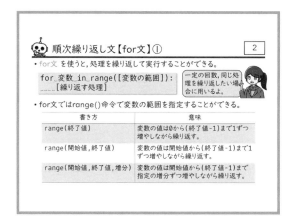

◆ 反復構造では、for 文または後述する while 文を使用する。

◆ for 文は、繰り返しの回数が決まっているような場合によく用いられる。

◆ 変数や print 関数についてもおさらいとして軽く説明できるとよい。

スライド 2「順次繰り返し文【for 文】①」

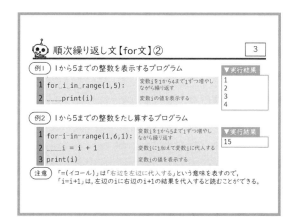

◆ for 文における範囲指定は、終了値を含むのか含まないのか、引数が増えた場合にどの引数がどんな値を示すのか、などが混ざりやすいため注意が必要である。

◆ for 文の後にはコロンを記述することを忘れないようにしたい。

◆ 繰り返す処理は字下げ（インデント）をして、複数行書くことができる。Python の字下げは、通常、半角スペース 4 文字分である。

スライド 3「順次繰り返し文【for 文】②」

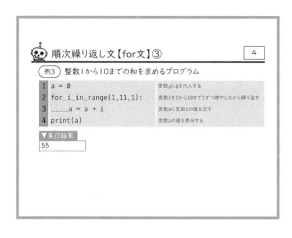

◆ 1 行目で変数 a に別の値を代入したらどうなるか、3 行目で i の値を足す以外の操作をしたらどうなるか、など、代入演算子や算術演算子のおさらいも兼ねながら、1 行ずつ丁寧に内容を確認していきたい。

スライド 4「順次繰り返し文【for 文】③」

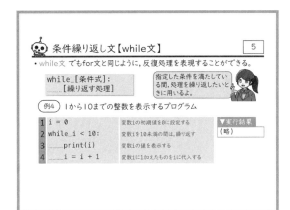

◆while 文は，繰り返しの回数が明確に決まっておらず，条件を満たす限り処理を繰り返したい場合によく用いられる。

◆for 文と同じ出力結果となるが，例4のプログラムの場合は for 文の方がプログラムの行数が少なくて済むことも併せて確認しておきたい。

スライド5「条件繰り返し【while 文】」

・・・

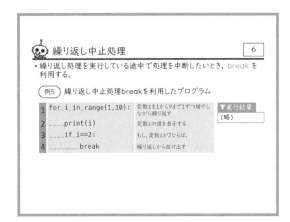

◆break 文を使うことにより条件式が真であったとしてもループから抜け出すことができる。

◆発展内容ではあるが，繰り返し処理のループをスキップする continue 文もある。繰り返し処理の途中であっても，そのループをスキップし，ループの先頭から実行する。

スライド6「繰り返し中止処理」

・・・

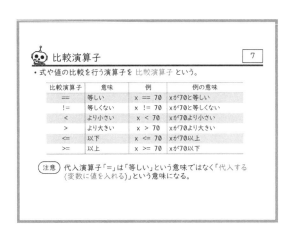

◆「=」と「==」の違いや，数式で用いる「≠」がプログラムでは「!=」で表現されることなどには特に注意する。

◆「より小さい」は「未満」と表現されることもある。

スライド7「比較演算子」

・・・

3　コンピュータとプログラミング

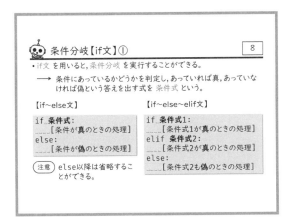

◆スライド7の比較演算子の例を見ながら，x がどのような値をとれば真または偽となるかも併せて確認しておきたい。

◆Python では「elif」表記だが，他のプログラミング言語では「else if」や「elsif」などと表記されることもあるため，表記の仕方にも注意する。

◆条件成立時に行うときの処理は，字下げ（インデント）して記述する。
インデントの字数には決まりがないが，本書では半角スペース4文字とする。

スライド8「条件分岐【if 文】①」

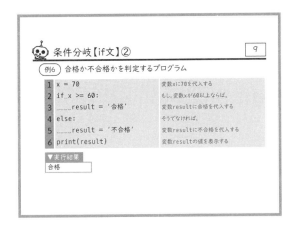

◆以下のような問いを生徒に投げかけることで，if 文や条件式についての理解を深めさせたい。
・x に 50 を代入した場合の実行結果はどうなるか
・x が 80 以上のときに「合格」となるようにするには，プログラムをどのように変更すればよいか　など

スライド9「条件分岐【if 文】②」

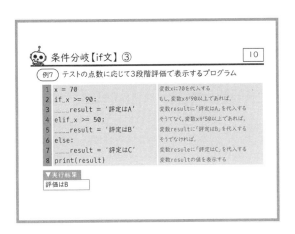

◆スライド9のプログラムと比較し，どのような処理が加わっているか（elif 文），それによりどのような判定処理が加わったのかを確認する。

◆スライド9と同様に，条件式や代入する数値を変更した場合の実行結果なども確認させてみてもよい。

スライド10「条件分岐【if 文】③」

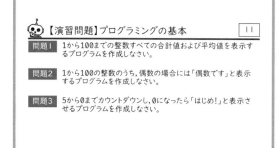

スライド11「【演習問題】プログラミングの基本」

ヒント（解答は巻末に掲載）

問1　1から100までの整数の和は，等差数列の和の公式から，$\frac{1}{2}$×100×(1＋100)で求められるが，ここでは，反復構造を用いて，数値を1から100まで一つずつ足していくことを意識させたい。

問2　2で割ったときの余りが0になるかならないかで判断する。

問3　「0になったら」→「カウントを終えたら」と読みかえる。

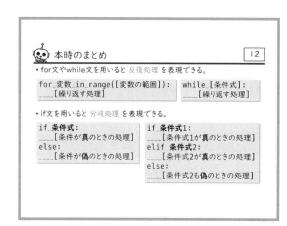

スライド12「本時のまとめ」

◆コンピュータは処理を上から一行ずつ行っていること（順次構造）を確認しつつ進めたい。

◆プログラムを「書ける」ようになることも重要だが，「読める」ことも重要である。演習時にエラーを生じたプログラムを全員で確認してもよい。

本時で学ぶ用語

用語	意味
for 文	反復構造を表現するための制御文。繰り返しの回数が決まっているような場合によく用いられる。
while 文	反復構造を表現するための制御文。繰り返しの回数が明確に決まっておらず，条件が満たされている間は処理を繰り返したいような場合によく用いられる。
比較演算子	値を比較する際に利用される演算子。「より大きい（>）」「以下（<=）」など，さまざまな種類が存在する。プログラミング言語では「=」は代入の際に利用されるため，「等しい」ことを表す演算子は「==」で表現されることが多い。

3　コンピュータとプログラミング

用語	意味
if 文	分岐構造を表現するための制御文。条件式と組み合わせて記述される。使用するプログラミング言語によって，細かな表記方法が異なる場合もあるため注意が必要である。
条件式	ある条件について，条件にあっている場合は真，あっていない場合は偽という判定を返す式のこと。while 文や if 文などと組み合わせることで，さまざまな処理を表現することができる。
反復構造	指定された処理を繰り返し実行する処理のこと。コンピュータは，同じ作業を繰り返し正確に実行することができるため，さまざまなプログラムで活用されている。
分岐構造	条件によって実行する命令を選択する処理のこと。変数の値や計算結果などによって，実行される処理を変えることができる。分岐するための条件は，比較演算子などを用いた条件式で指定される。

Python のプログラム開発環境

Python のプログラム開発環境には様々なものがあるが，ここでは開発環境をインストールすることなく使える「Google Colaboratory」を紹介する。ブラウザから，https://colab.research.google.com/ にアクセスすることで簡単に Python を使うことができる（Google のアカウント要）。

また，パソコンだけではなく，スマートフォンやタブレットなどからも動かすことができるのも特徴である。Google Classroom を経由すれば Google ドキュメントなどと同様に「各生徒にコピーを作成」の形でプログラムを配布することもできる。さらに，生徒自身にとっても，学校の授業で作成したプログラムを自宅で別の PC を使っても動かせることができる。これにより，より主体的な学びを実現することが期待できる。

なお，本書では Python を取り扱っているが，生徒の学習状況に応じては，「つちのこ 2.0（https://t-daimon.jp/tsuchinoko/ide/）」というプログラミング言語を扱ってもよい。これは Python ライクな文法を日本語で記述することができる。また，Python へ変換する機能もあり，Python への導入をスムーズに繋げることができる。

【Google Colaboratory の画面イメージ】

6 プログラミングの応用①

本時の目標

本時の目標

・プログラミングにおける配列の使い方について理解する。

本時の評価

知識・技能	①プログラミングにおける配列の役割を説明することができる。 ②配列や添え字，要素など，配列の構造や使い方について説明することができる。
思考・判断・表現	③配列を利用したプログラムを作成することができる。
主体的に学習に取り組む態度	④正しい出力結果を得るために適切なソースコードを記述しようとしている。 ⑤作成したプログラムを実行した際の出力結果について自身で考えたうえで，実際に実行することで結果を確認しようとしている。

注意すべきポイント

・配列は初学者がつまずきやすいポイントである。配列を用いたさまざまなプログラムを解説し，生徒にも実際にプログラムを作成してもらう，プログラムを書き換えた際の出力結果を考えてもらうなどの演習を繰り返すことで，配列のイメージを掴ませたい。

授業展開

◆使用する変数が増えすぎると，プログラムとして記述する際に手間がかかるだけでなく，管理もしづらいという欠点がある。

◆プログラムでは基本的に，まとめられるものはなるべくまとめる，プログラムの行数はできるだけ少なくする，といったような観点が重要である。

スライド1「本時の問い」

. . . .

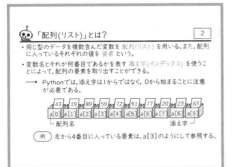

スライド2「配列（リスト）とは？」

◆配列（リスト）では複数のデータをまとめて管理することができるが，例えば1つの配列内で文字列と数値の2種類のデータを扱うようなことはできない。あくまでも同じ型のデータをまとめるものであることを押さえておきたい。

◆プログラミング言語によっては添え字が1からはじまるものなどもあるため，注意する必要がある。

スライド3「配列の宣言・取り出し方」

◆添え字には，数字だけでなく変数を指定することもできる。

◆range関数の引数を変更した場合の実行結果の違いなどについて生徒に問いかけ，for文のおさらいもしながら配列の添え字についての理解を深めていくようにしたい。

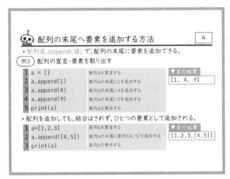

スライド4「配列の末尾へ要素を追加する方法」

◆配列に配列の要素を追加することもできることに注意する。

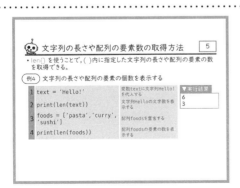

スライド5「文字列の長さや配列の要素数の取得方法」

◆len関数の引数として指定する値が文字列の場合には文字列の長さ，配列の場合には配列の要素数と，指定する値によって返される値が異なる。

◆配列内の特定の文字列の長さを取得するにはどうしたらよいかなど，発展的な問いかけをするのもよい。

スライド6「配列を利用したプログラム①」

◆プログラム2行目で，最大値を表す変数 max に配列 a の添え字が0の値（a［0］）のものを代入しているため，4行目の range 関数で指定する配列の添え字は1からでよい（なお，0を入れても実行結果は変わらないが，プログラミングでは基本的に重複処理は省く）。

◆余裕があれば，最小値を探すプログラムを考えさせてもよい。（スライド9の問2につなげたい。）

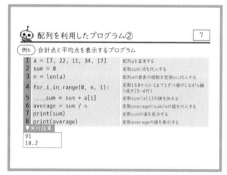

スライド7「配列を利用したプログラム②」

◆例6のプログラムでは配列 a には必ず1つ以上の値が入ることを前提に考えればよいが，例えば配列 a の要素が空（値が入っていない）の場合は n が0となり，プログラム6行目で0で割ることになるためエラーが発生してしまう。したがって，プログラムを作成する際には前提条件や例外処理についても細かく考える必要がある。

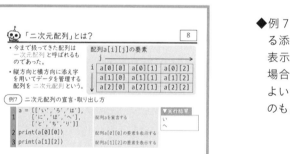

スライド8「二次元配列とは？」

◆例7のプログラム2，3行目で指定する添え字を変更した場合，どの要素が表示されるか，ある要素を表示したい場合にはどのように添字を指定すればよいかなど，発展的な問いかけをするのもよい。

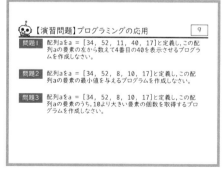

スライド9「【問題】プログラミングの応用」

◆配列の要素の取り出し方など，本時の内容の復習はもちろん，演習問題のプログラムを作成する際に必要となる比較演算子なども復習できるとよい。

ヒント（解答は巻末に掲載）

問1　添え字は0から始まる。

問2　n を len(a) で指定してから for 文を用いる。

問3　10 より大きい要素の個数を数える変数として count を用いる。

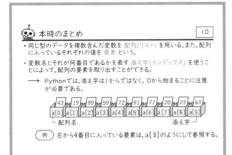

スライド 10「本時のまとめ」

◆添え字が 0 からというのが分かりづらい場合は，下図のようなものさしをイメージする。0 から始まる 1 目盛りめに最初のデータ「32」が，1 から始まる 2 目盛りめに 2 つ目のデータ「73」が入る。

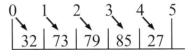

・・・

本時で学ぶ用語

用語	意味
配列（リスト）	複数のデータをまとめて扱うことができるしくみ。ただし，1 つの配列内でまとめて扱うことができるのは，同じデータ型のみである。
要素	リストに入れられているそれぞれのデータのこと。a[0] といったように，リストの変数名と添え字を組み合わせることで，各要素にデータを代入したり各要素のデータを取り出したりすることができる。
添え字	要素を指定する際に，リスト内の何番目のデータであるかを指定する番号のこと。インデックスともいう。Python などでは添え字は 0 からはじまることになっているが，プログラミング言語の種類によっては 1 からはじまるものなどもあるため注意が必要である。

補足

【スライド 5 の発展的な問いに対する解答例】
配列 fruits の左から 1 番目の要素の文字列の長さを取得するプログラム

```
fruits=["apple", "banana", "orange", "strawberry"]
length=len(fruits[0])
print(str(fruits[0])+" の文字数："+str(length))
```

7 プログラミングの応用②

・プログラミングにおける関数の役割や使い方について理解する。

知識・技能	①プログラミングにおける関数の役割について説明することができる。 ②関数の呼び出し方，定義の仕方などについて説明することができる。 ③組み込み関数とユーザ定義関数の違いについて説明することができる。
思考・判断・表現	④関数を利用したプログラムを作成することができる。 ⑤ユーザ定義関数を作成し，それを利用したプログラムを作成することができる。
主体的に学習に取り組む態度	⑥正しい出力結果を得るための適切なソースコードを記述しようとしている。 ⑦作成したプログラムを実行した際の出力結果について自身で考えたうえで，実際に実行することで結果を確認しようとしている。

・生徒が，関数の役割や関数を利用する目的について理解したうえで，関数を適切に利用できるようになるよう進めていきたい。また，再帰呼び出しはプログラム自体は簡潔であるものの，処理の流れをイメージすることがやや難しいため，トレース表などを用いて丁寧に解説する必要がある。

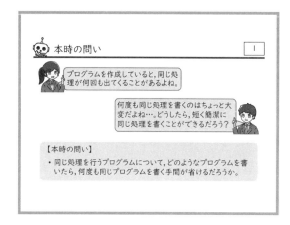

◆プログラムに重複している部分がないかどうかは，プログラミングの際に最低限意識しておきたい重要なポイントである。

◆重複部分を関数として切り出すことで，同じプログラムを書く手間を省くだけでなく，複数箇所の書き換え時における修正漏れや修正ミスなどを防ぐこともできる。

スライド1「本時の問い」

・・・

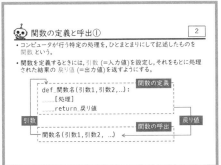

スライド2「関数の定義と呼出①」

◆プログラムの関数は，数学の関数のように $y=f(x)$ の形で表すことができ，f が関数名，x が引数，y が戻り値に相当する。

◆自動販売機などの身近なシステムの特定の処理を関数とみなし，引数や戻り値にあたるものを紹介したり生徒自身に考えてもらったりするのもよい。

◆引数や戻り値には数値以外のデータ（文字など）を指定することもできる。

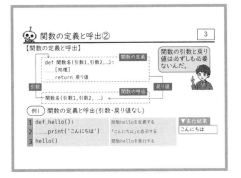

スライド3「関数の定義と呼出②」

◆関数はあくまでも特定の処理をひとまとまりにして記述したものであるため，引数や戻り値が存在しない場合もある。

◆引数は複数設定することもできるが，戻り値は原則一つである。

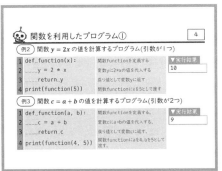

スライド4「関数を利用したプログラム①」

◆引数として指定する値を変更した場合の実行結果や，関数内の処理・戻り値を変更した場合の実行結果はどうなるかなどの問いかけをするのもよい。

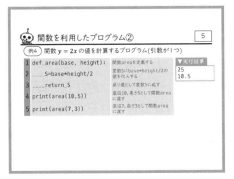

スライド5「関数を利用したプログラム②」

◆関数としてまとめておくことで，プログラム4行目と5行目で「三角形の面積を表示する」という同様の処理を1文で記載することができるようになっている点に注目する。関数を利用することにより，見やすく管理しやすいプログラムを作成することができる。

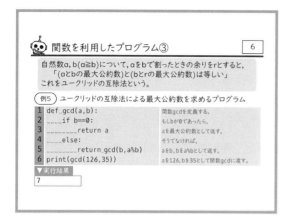

◆プログラミング言語では，関数のなかで関数自身を呼び出すこともできる。これを「再帰呼び出し」という。再帰は，数学でいう漸化式を用いるような処理をプログラムで表す際によく利用される。

◆トレース表を用いるなどして，処理の流れや各変数の変化を丁寧に解説していくとよい。

スライド6「関数を利用したプログラム③」

・・

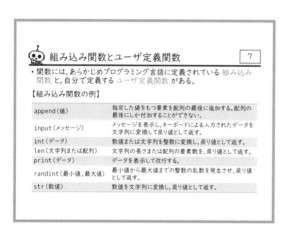

◆組み込み関数には多くの種類があるため，全てを覚えるのはなかなか難しい。まずは，スライドに掲載したようなよく出る関数について把握をしたい。そのうえで，新たな関数に出会ったときには，Python公式ホームページに掲載されているPython標準ライブラリを確認していくとよい。

スライド7「組み込み関数とユーザー定義関数」

・・

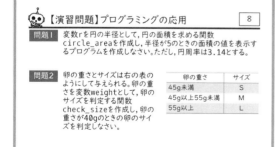

ヒント（解答は巻末に掲載）

問1　defを用いて定義を行う。累乗の演算には「**」を用いる。circle_area関数は半径rを引数として受け取り，面積を計算して戻り値として返す。

問2　45g未満→55g未満→それ以外と順番に判定を行っていく。

スライド8「演習問題」

・・

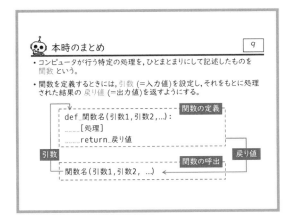

スライド9「本時のまとめ」

◆ def は define（定義）である。
◆ 「配列」や「関数」似た役割を担った
　用語があることに注意しながら授業を
　進めたい。

本時で学ぶ用語

用語	意味
関数	特定の処理をひとまとめにした，プログラムの部品のようなもの。あらかじめ定義されているもの（組み込み関数）を利用するだけでなく，自身で定義したもの（ユーザ定義関数）を利用することもできる。
引数	関数を呼び出す際に指定する，入力値のようなもの。関数は，呼び出された際に受け取った引数を利用し，一連の処理を行う。引数が存在しない関数や，複数指定する必要がある関数もある。
戻り値	関数を呼び出した際に返される，出力値のようなもの。関数に定義された処理を実行した結果を返す。引数と違い，戻り値は原則一つである。また，処理を実行するのみで，戻り値が存在しない関数もある。
組み込み関数	print 関数や len 関数などのように，あらかじめ定義されており，自身で定義する必要のない関数のこと。ビルトイン関数とも呼ばれる。利用できる関数やその使い方は，利用するプログラミング言語の種類によって異なる。
ユーザ定義関数	自身でプログラムを記述し，内容を定義する関数のこと。自作関数とも呼ばれる。組み込み関数とは違い，同じプログラミング言語を利用していたとしても，自身で作成したプログラム外で，自身の定義した関数を呼び出すことはできない。
ユークリッドの互除法	2つの自然数の最大公約数を求めるための方法。2つの自然数 a, b（a>=b）について，a を b で割ったときの余りを r とした場合，a と b の最大公約数が b と r の最大公約数と等しくなる，という原理を利用している。プログラムでは，再帰呼び出しを利用して簡潔に記述することができる。

8 探索のアルゴリズム

本時の目標

・探索のアルゴリズム（線形探索，二分探索）の特徴や処理の流れについて理解する。

本時の評価

知識・技能	①探索のアルゴリズムとは何か，説明することができる。 ②線形探索の特徴と処理の流れについて説明することができる。 ③二分探索の特徴と処理の流れについて説明することができる。
思考・判断・表現	④線形探索のアルゴリズムを利用したプログラムを作成することができる。 ⑤二分探索のアルゴリズムを利用したプログラムを作成することができる。
主体的に学習に 取り組む態度	⑥正しい出力結果を得るための適切なプログラムを記述しようとしている。 ⑦線形探索や二分探索のそれぞれのアルゴリズムの特徴を理解したうえで，目的に応じた適切なアルゴリズムを選択しようとしている。

注意すべきポイント

・代表的な2つの探索アルゴリズムのプログラム（線形探索，二分探索）を作成する過程で，それぞれの特徴や利点・欠点などをしっかりと理解させ，同じ問題であってもさまざまな解き方があること，どの解き方が自身の解決したい問題にとって最も適切かをよく考える必要があることなども意識させるようにしたい。

授業展開

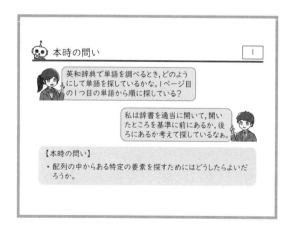

◆例えば，教科書の指定されたページを開く，年齢の早見表を使って自身の生年月日に対応した年齢を調べる，など，私たちも日常的に「探索」を行っている。

スライド1「本時の問い」

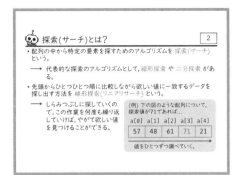

スライド2「探索（サーチ）とは？」

◆線形探索は最も素朴なアルゴリズムであり，短いプログラムで記述できるため分かりやすい，（あとで紹介する二分探索とは異なり）データの並べ替えなどの前処理を行う必要がない，などのメリットがある。

◆線形探索は，リニアサーチ，逐次探索などと呼ばれることもある。

スライド3「線形探索のプログラムの例」

◆線形探索のプログラムは，比較的分かりやすく簡単に作成できる。

◆探している値が配列の末尾にある場合や配列中に存在しない場合には，すべての値と比較しなければならないなど，他の高度な探索アルゴリズムと比べると平均比較回数が多く，あまり効率のよいアルゴリズムであるとは言えない。

◆線形探索の平均比較回数は（n＋1）／2回である。

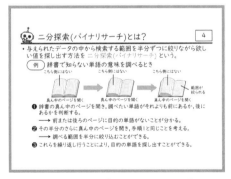

スライド4「二分探索（バイナリサーチ）とは？」

◆二分探索も原理としてはかなり単純ではあるものの，基本的には線形探索よりも効率よく，高速な探索を行うことができる。

◆バイナリサーチ（binary search）と呼ばれることもある。

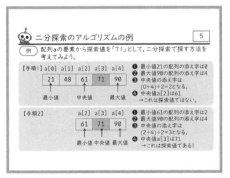

スライド5「二分探索のアルゴリズムの例」

◆スライドの例の場合，線形探索では4回比較を行う必要があるが，二分探索を用いれば2回の比較で探している値を見つけ出すことができる。

◆二分探索でのデータは，昇順（または降順）に整列されている必要がある。整列されていないデータの場合は探索の前に並び替えを行わなければならないことに注意する。

◆変数 left は探索範囲内の下限値，変数 right は上限値を表している。
◆6行目の「//」は「切り捨て除算」を表しており，商の整数部分を取得している（言語により使う記号が異なることもあるため注意すること）。

スライド6「二分探索のプログラムの例①」

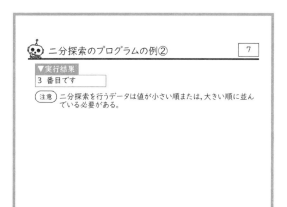

◆【スライド6の解説の続き】10～15行目の探索範囲の更新処理については，つまずく生徒が多いことが想定されるため，スライド5と照らし合わせるなどして，変数 left, right, mid にそれぞれ繰り返しごとにどのような値が入るかなどを，具体的な例を用いて丁寧に説明したい。
◆二分探索の最大比較回数（$[\log_2 n] + 1$）回，平均比較回数は $[\log_2 n]$ 回である。

スライド7「二分探索のプログラムの例②」

◆線形探索と二分探索における最大探索回数，平均探索回数について，表計算ソフトウェアを用いてグラフにより比較させてみてもよい。
◆二分探索はデータ数が増えても探索回数はそこまで増えないことに気づかせたい。

探索回数の比較
・データ数が n のとき，最小探索回数，最大探索回数，平均探索回数は，以下の表のとおり。

	最小探索回数	最大探索回数	平均探索回数
線形探索	1	n	$\dfrac{n+1}{2}$
二分探索	1	$[\log_2 n] + 1$	$[\log_2 n]$

→ 線形探索と比較すると，二分探索はデータ数が多いとき，早く探索できる。

（補足）・$[x]$ は実数 x を超えない最大の整数を表す。(ガウス記号)
・$a^p = M$ のとき，p を M の a の対数といい，$p = \log_a M$ と表す。

スライド8「探索回数の比較」

◆日常生活における「探索」の例や，普段どのように探索を行っているかについて考えてもらうのもよい。

◆日常生活で私たちはどのように探索を行っているかについても考えさせたい。

◆線形探索と二分探索の最大探索回数，平均比較回数を比較させ，どちらが効率よいアルゴリズムか考えさせてもよい。

スライド9「本時のまとめ」

・・

本時で学ぶ用語

用語	意味
探索（サーチ）	たくさんのデータの中から，特定のデータを探し出すためのアルゴリズムのこと。基本的なアルゴリズムの1つ。代表的なものとしては，線形探索や二分探索などがある。
線形探索（リニアリサーチ，逐次探索）	先頭のデータから順番に，探している値と一致するかどうかを比較していく方法。最も単純な探索アルゴリズムであり，短いプログラムで記述でき分かりやすい，データの並べ替えなどの前処理を行う必要がない，などのメリットがある。ただし，他の高度な探索アルゴリズムと比べるとあまり効率のよいアルゴリズムであるとは言えない。
二分探索（バイナリサーチ）	整列されたデータを半分に分け，探しているデータが含まれている方のデータをさらに半分に分ける，という手順を繰り返すことで，探索範囲を半分ずつ絞り込みながら探索を行っていく方法。基本的には線形探索よりも効率よく，高速な探索を行うことができる。ただし，データが整列されていることを前提としたアルゴリズムであるため，未整列のデータの場合は探索の前に並び替えを行わなければならないことに注意する。

9 整列のアルゴリズム

本時の目標

・整列のアルゴリズム（交換法，選択法）の特徴や処理の流れについて理解する。

本時の評価

知識・技能	①整列のアルゴリズムとは何かを説明することができる。 ②交換法の概要と処理の流れについて説明することができる。 ③選択法の概要と処理の流れについて説明することができる。
思考・判断・表現	④交換法のアルゴリズムを利用したプログラムを作成することができる。 ⑤選択法のアルゴリズムを利用したプログラムを作成することができる。
主体的に学習に取り組む態度	⑥正しい出力結果を得るための適切なプログラムを記述しようとしている。 ⑦交換法や選択法のそれぞれのアルゴリズムの特徴を理解したうえで，目的に応じた適切なアルゴリズムを選択しようとしている。

注意すべきポイント

・交換法や選択法は，反復処理や分岐処理を複数組み合わせたプログラムであり，生徒によってはつまずきやすいポイントであると考えられるため，1 行ずつ丁寧に説明しながら処理の流れを理解させたい。スライドにあるように各段階における変数の値などを図解で整理しながら説明するとよい。

授業展開

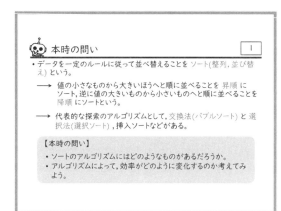

◆出席番号順に並ぶときや，トランプゲームで手札を数字順に並び替えるときなど，私たちも日常的に「整列」を行っている。

◆日常生活における「整列」の例や，普段どのように整列処理を行っているかについて考えてもらうのもよい。

◆本時の内容に入る前に，次の 2 点についてもう一度，復習しておきたい。
(1) A ＝ B, B ＝ A で値は交換されない。
(2)「＝」は代入のは意味である。

スライド 1「本時の問い」

・・

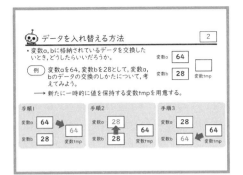

スライド2「データを入れ替える方法」

◆tmp は「一時的な，臨時の」という意味を表す「temporary」の略で，一時的に値を保持する変数の名前としてよく使われている。

◆変数 a と変数 b だけでは，変数内のデータを入れ替えることができない点に注意する。

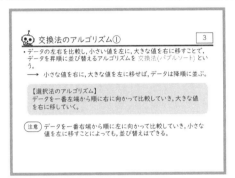

スライド3「交換法のアルゴリズム①」

◆隣り合った値を比較し，条件を満たす場合のみ入れ替えを行っていく素朴なアルゴリズムである。

◆ソートの過程でデータが移動していく様子が，水中で泡（バブル）が浮かび上がってくる様子に見えることから，交換法はバブルソートとも呼ばれる。

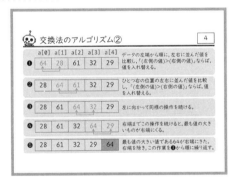

スライド4「交換法のアルゴリズム②」

◆すべての手順において値の入れ替えを行っているが，「（左側の値）<（右側の値）」の場合は，当然入れ替えを行う必要はない。

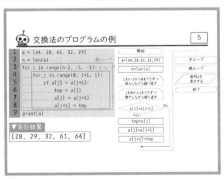

スライド5「交換法のプログラムの例」

◆スライド4の各操作とプログラムの各行の対応なども確認しながら，処理の流れを具体的にイメージさせたい。

◆変数 i ＝ 3，2，1，0 と順に変化させたときに，変数 j の値や配列の要素がどのように変化するか考えるとよい。

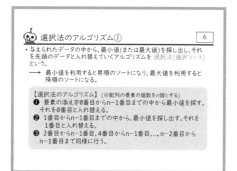

スライド6「選択法のアルゴリズム①」

◆交換法とよく似ているが, 各操作における入れ替えが1回で済むため, 交換法よりも少し処理が速い。

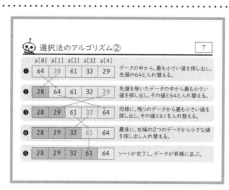

スライド7「選択法のアルゴリズム②」

◆交換法と同様に, 処理が進むにつれ, 比較と入れ替えの操作を行う範囲(白背景部分)が少なくなっていく。
◆プログラムを作成する際には, どのように最も小さい値を探すか, また, どのように未整列部分の先頭の値と最も小さい値を入れ替えるか, などがポイントとなってくる。

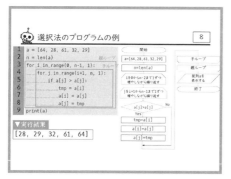

スライド8「選択法のプログラムの例」

◆値の入れ替えは交換法と同様, 変数tmpを利用して行う(スライド2参照)
◆変数 i = 0, 1, 2, 3 と順に変化させたときに, 変数 j の値や配列の要素がどのように変化するか考えるとよい。

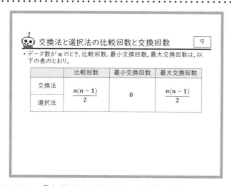

スライド9「交換法と選択法の比較回数と交換回数」

◆最小交換回数が0回になるのは, はじめから, 昇順または降順に整列されているときである。
◆最大交換回数と比較回数が一致するのは, 比較するごとに交換が発生するときである。

3　コンピュータとプログラミング

スライド10「本時のまとめ」

◆交換法の解説動画などが多くあるが，見て納得，理解をすることはできるかもしれないが，実際に自分で数値を動かしてみないと定着しない。共通テストなどの試験では自身でプログラムによる動きを一つ一つ検証しなければならないため，授業時にも実践させたい。

本時で学ぶ用語

用語	意味
ソート（整列，並び替え）	データをあるルールに基づいて並び替える処理のこと。基本的なアルゴリズムの1つ。代表的なものとしては，バブルソートや選択ソート，挿入ソートなどがある。
昇順	値の小さい順に並べること。
降順	値の大きい順に並べること。
バブルソート（交換法，基本交換法）	隣り合った要素の値を比較し，条件に応じて値を入れ替える操作を繰り返すことでデータを整列する方法。ソートの過程でデータが移動していく様子が，水中で泡（バブル）が浮かび上がってくる様子に見えることから，バブルソートと呼ばれる。
選択ソート（基本選択法）	データの中から最小値（または最大値）を探し出し，先頭の値と入れ替える操作を繰り返すことでデータを整列する方法。バブルソートとよく似ているが，各操作における入れ替えが1回で済むため，バブルソートよりも少し処理が早い。
挿入ソート（基本挿入法）	データを「整列済み部分」と「未整列部分」に分け，「未整列部分」の値を「整列済み部分」の適切な位置に挿入していく操作を繰り返すことでデータを整列する方法。データが最初から整列済みに近い状態の場合には高速で整列させることができるが，ほとんど整列されていない場合には比較回数が膨大になってしまう。

10 モデル化とシミュレーション

本時の目標

本時の目標

・モデル化の手順やモデルの分類，シミュレーションについて理解する。

本時の評価

知識・技能	①モデル化の手順について説明することができる。 ②モデルの分類のしかたについて説明することができる。 ③モデルを用いたシミュレーションの意義や利点について説明することができる。
思考・判断・表現	④モデル化の手順をもとに，目的に応じたモデルを作成することができる。 ⑤モデルの特性や表現形式に対する理解をもとに，さまざまなモデルを適切に分類することができる。 ⑥シミュレーションの概要や分類に対する理解をもとに，目的に応じた適切なシミュレーション方法を選択することができる。
主体的に学習に取り組む態度	⑦目的に応じた適切なモデルを作成し，それを利用したシミュレーションを行うことで，自身が解決したい問題に役立てようとしている。

注意すべきポイント

・モデルやシミュレーションの分類については，例などもしっかりと紹介し，生徒たちがそれぞれのモデルやシミュレーションのイメージを掴めるようにしたい。また，コンピュータの性能が向上したことにより，複雑な問題のシミュレーションも可能になってきているという点にも触れておきたい。

授業展開

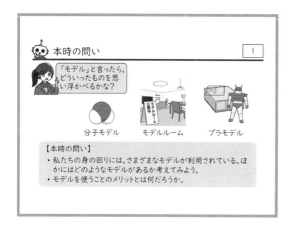

◆モデルと本物を比べ，同じ部分や違う部分を生徒に考えさせてもよい。

◆モデルはあくまでもモデルであり，目的に応じた部分のみを本物に近づけていることが特徴である。

スライド1「本時の問い」

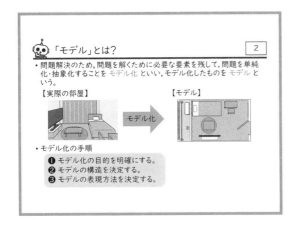

◆目的に応じて，モデル化の際に残しておくべき要素も異なってくる。
◆スライド1で考えてもらったモデルについて，どんな目的でどんな要素を残してモデル化されているかを生徒に考えさせてもよい。

スライド2「「モデル」とは？」

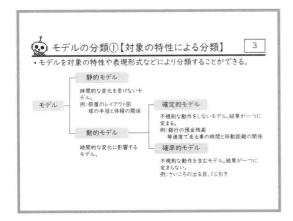

◆モデルはその特性によって，スライド3のように分類することができる。
◆スライド1で紹介したモデル以外にも，さまざまなモデルがあることを理解させたい。
◆確定的モデルは，規則的に変化する現象のモデルであるため，その変化を数式で表現することができる。

スライド3「モデルの分類①【対象の特性による分類】」

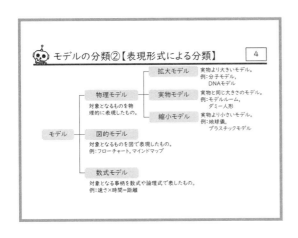

◆モデルはその表現形式によって，スライド4のようにも分類することができる。
◆例えば，等速度で走る車と移動距離の関係は，規則的に変化する確定的モデルであり，移動距離や速さ，時間の関係を数式で表すことのできる数式モデルでもある。

スライド4「モデルの分類②【表現形式による分類】」

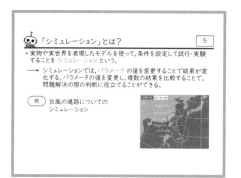

◆シミュレーションには，実物や実世界のすべての要素を含める必要はない。要素を含めすぎると，シミュレーションが複雑で大規模なものになってしまうため，目的に応じて適切に要素を省略する必要がある。

◆シミュレーションの目的に応じたモデルを選択することも重要である。

スライド5「「シミュレーション」とは？」

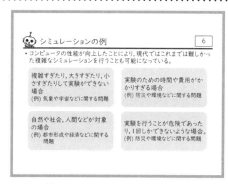

◆論理モデルでのシミュレーション結果を反映した最適な実物モデルを作成することにより現実の事象に近い条件でのシミュレーションを可能にする。

◆論理モデルを作成するためのデータが不足している場合には，最初に実物モデルを作成し，実物モデルでの実験でデータを集めることもある。

スライド6「シミュレーションの例」

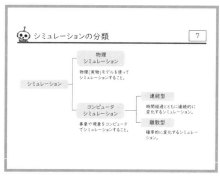

◆手術などのように一度しかできないもの，建物の耐震実験や植物の変化の観察などのように費用・時間がかかりすぎるもの，事故対策などの危険が伴うものなど，さまざまな理由で実際に行うことが難しいものでも，シミュレーションであれば何度も行うことができる。

◆コンピュータを利用すると，パラメータの変更や膨大な数の試行も容易である。

スライド7「シミュレーションの分類」

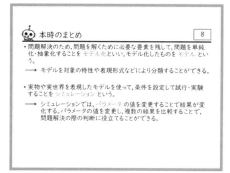

◆今回取り上げたもののほかには，「待ち行列」のシミュレーションなどがある（3章11時スライド8参照）。出題される際には，条件などが明記されているので読み落とさないようにしたい。

スライド8「本時のまとめ」

用語	意味
モデル化	問題解決のために必要な要素を単純化・抽象化し，簡潔に表現したモデルを作成すること。
静的モデル	時間的な変化の影響を受けないモデルのこと。 （例）プラスチックモデル，部屋のレイアウト図など
動的モデル	時間的な変化の影響を受けるモデルのこと。さらに，確定的モデルと確率的モデルに分類できる。
確定的モデル	動的モデルのうち，規則的に変化する（結果が1つに定まる）モデルのこと。 （例）銀行の預金残高，等速度で走る車と移動距離の関係など
確率的モデル	動的モデルのうち，不規則な変化を含む（結果が1つに定まらない）モデルのこと。 （例）サイコロの出目，くじ引きなど
物理モデル	対象となるものを物理的に表現したモデルのこと。さらに，拡大モデル，実物モデル，縮小モデルに分類できる。
拡大モデル	実物を拡大したモデルのこと。実物より大きいモデル。 （例）分子モデル，DNA モデルなど
実物モデル	実物と同じ大きさのモデルのこと。 （例）モデルルーム，ダミー人形など
縮小モデル	実物を縮小したモデルのこと。実物より小さいモデル。 （例）地球儀，プラスチックモデルなど
図的モデル	対象となるものの構造を分かりやすく図で表現したモデルのこと。 （例）フローチャート，状態遷移図など
数式モデル	対象となるものを数式や論理式などで数学的に表現したモデルのこと。 （例）水槽に溜まる水の量＝現在の水量＋入れる水の量×時間
シミュレーション	モデルを利用し，実際の現象や動作などを模倣するための条件を設定して試行・実験を行うこと。物理シミュレーションとコンピュータシミュレーションに分けることができる。また，コンピュータシミュレーションのうち，時間経過とともに連続的に変化するものを連続型，確率的に変化するものを離散型という。
パラメータ	モデルに含まれている，操作可能な要素のこと。シミュレーション時にパラメータの値を変更すると，結果もそれに応じて変化する。

11 表計算ソフトウェアによるシミュレーション

本時の目標

・表計算ソフトウェアの基本的な使い方や，表計算ソフトウェアを利用したシミュレーションについて理解する。

本時の評価

知識・技能	①表計算ソフトウェアの基本的な使い方について説明することができる。 ②モンテカルロ法について説明することができる。
思考・判断・表現	③表計算ソフトウェアの絶対参照と相対参照の使い分けや，関数の呼び出しなどを行うことができる。 ④表計算ソフトウェアを用いて，確定的モデルのシミュレーションを行うことができる。 ④表計算ソフトウェアを用いて，モンテカルロ法を用いた円周率の近似値を求めることができる。
主体的に学習に取り組む態度	⑤表計算ソフトウェアの基本的な使い方について理解したうえで，コンピュータを利用したさまざまなシミュレーションを行おうとしている。

注意すべきポイント

・表計算ソフトウェアの操作に慣れていない生徒が多いことも想定されるため，基本的な操作や用語を説明したうえで，作業を行わせるよう注意したい。絶対参照と相対参照の使い分けや，関数の呼び出しについてもつまずきやすいポイントであるため，グループワークするなどして，教師はもちろんのこと，生徒同士でも教え合えるような環境を整えることも重要である。

授業展開

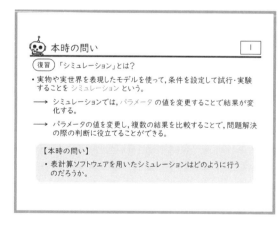

◆コンピュータの性能が向上したことにより，コンピュータを活用した複雑な計算や膨大な数の試行も比較的容易に行うことができるようになってきている。

◆中学の技術科で学習した行や列，セルの位置の指定方法，数式の入力方法など，基本的な表計算ソフトウェアの操作方法についても軽くおさらいしておきたい。

スライド1「本時の問い」

・・・

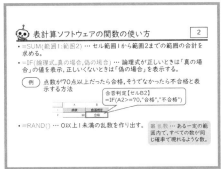

スライド2「表計算ソフトウェアの関数の使い方」

◆表計算ソフトウェアでは，さまざまな関数を利用することができる。

◆関数は「関数名（引数）」の形で構成されており，引数部分に，関数で処理を行いたい値やセルの位置，範囲などを指定する。

◆範囲を指定する際は，指定したい範囲の左上端のセルと右下端のセルを「：」で区切って表す。

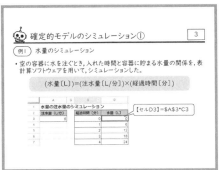

スライド3「確率的モデルのシミュレーション①」

◆セルD3に入力する値には，相対参照と絶対参照が混在しているため注意したい。

◆オートフィルとは，連続したデータを自動で入力してくれる機能のこと。セルの右下にマウスポインタを合わせ，ドラッグすることで適用できる。

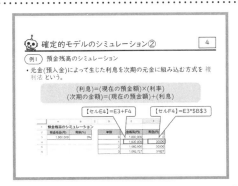

スライド4「確率的モデルのシミュレーション②」

◆セルE3には元金（セルA3の値）が，セルF3には「0」が入ることに注意する。

◆複利の計算は，規則性のある確定的モデルのシミュレーションではあるものの，前期の利息を考慮しなければならないなど，人の手で行うのは面倒なシミュレーションである。こういった場合でも，コンピュータを利用すれば簡単にシミュレーションを行うことができる。

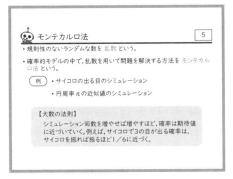

スライド5「モンテカルロ法」

◆乱数は表計算ソフトウェアにより生成するとよい。（スライド2参照）

◆大数の法則は数学Bの「確率分布と統計的な推測」でも扱う。数学科の教員と連携して情報共有するとよい。

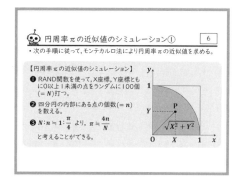

スライド6「円周率πの近似値のシミュレーション①」

◆表計算ソフトウェアを用いて，乱数を発生させるとよい。表計算ソフトウェアにある「RAND関数」という機能を用いることで，乱数を自動生成できる。
◆モンテカルロ法では，Nの数が多ければ多いほど，Nとnの比は正方形と四分円との面積比に近づいていく，という考え方に基づいている。

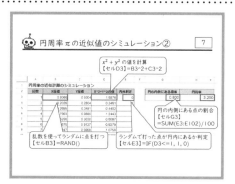

スライド7「円周率πの近似値のシミュレーション②」

◆ランダムに打った点が四分円の内側にあるかどうかは，原点からの距離を計算することで求めることができる。円の内側にある点の個数から，スライド6の数式を用いて円周率の近似値を求めていく。
◆ランダムに打つ点（N）の数を増やせば増やすほど，円周率の近似値もπの値に近づいていくことも確認したい（大数の法則より）。

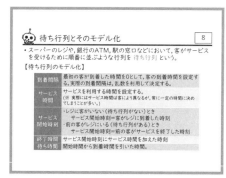

スライド8「待ち行列とそのモデル化」

◆共通テスト試作問題の第2問Bで出題された待ち行列の問題を例にして，実際に表計算ソフトウェアでシミュレーションしてみてもよい。

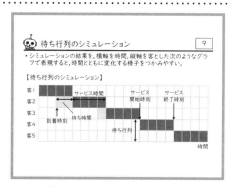

スライド9「待ち行列のシミュレーション」

◆待ち行列のシミュレーションについては，スライドに示した図を作成すると，時間とともに変化する様子をつかみやすい。
◆試作問題でも出題された内容でもあるので，演習などを通して丁寧に伝えていきたい。

スライド 10「本時のまとめ」

・・

◆身近な事柄においてさまざまなものの
シミュレーションが可能である。数値
を変えると結果も変わるものを日常の
中で発見し，シミュレーションを行う
よう生徒に促したい。

本時で学ぶ用語

用語	意味
相対参照	参照するセルを，アルファベットと数値の組み合わせのみで指定する方法。他のセルに数式をコピーすると，セルの位置関係がコピー先でも適用され，参照するセルの位置が自動で変化する。
絶対参照	参照するセルをアルファベットと数値の組み合わせで指定する際，それぞれに「＄」を付け加える方法。絶対参照の場合，参照するセルの位置が常に固定されるため，他のセルに数式をコピーしても自動で変化することはなく，常に同じセルを参照する。
オートフィル	連続したデータを自動で入力してくれる機能のこと。セルの右下にマウスポインタを合わせ，ドラッグすることで適用できる。
複利法	元金に対して生じた利息を，次期の元金に組み込む方式のこと。つまり，元金だけでなく，元金に生じた利息に対しても次期以降さらに利息が生じる。
SUM 関数	指定した範囲の数値の合計を求める関数。「＝ SUM（範囲１：範囲２）」という形で指定すると，範囲１から範囲２までのセル内の数値の合計を求めることができる。
IF 関数	条件によって処理を変えたい場合に使用する関数。「＝ IF（論理式，真の場合の値，偽の場合の値）」という形で指定すると，論理式（条件式）が正しい場合には「真の場合の値」を，そうでない場合には「偽の場合の値」を表示する。
RAND 関数	乱数（ランダムな値）を生成する関数。「＝ RAND（）」という形で指定すると，０以上１未満の整数をランダムに生成する。
モンテカルロ法	不規則に結果が変化する確率的モデルについて，乱数を利用することでシミュレーションを行い，問題を解決する方法のこと。モンテカルロ法を用いたシミュレーション結果の割合（確率）は，回数を増やせば増やすほど，一定の値（期待値）に近づいていく。これを「大数の法則」という。

資料 プログラミング演習問題　解答例

問題 1

print 関数を用いて，「私の名前は○○○○です」という文字列を表示させるプログラムを作成しなさい。

解答例

01	print('私の名前は○○○○です')

問題 2

変数 a，b，c にそれぞれ 2，3，5 を代入し，その 3 つの変数の値を辺の長さとする直方体の体積と表面積を出力するプログラムを作成しなさい。

解答例

01	a = 2
02	b = 3
03	c = 5
04	V = a * b * c
05	S = 2*(a*b + b*c + c*a)
06	print(V)
07	print(S)

問題1

1から100までの整数すべての合計値および平均値を表示するプログラムを作成しなさい。

解答例

01	total = 0
02	for␣i␣in␣range(1, 101, 1):
03	␣␣␣␣total = total + i
04	average = total/100
05	print(total)
06	print(average)

・・

問題2

1から100の数値のうち，偶数の場合には「偶数です」と表示するプログラムを作成しなさい。

解答例

01	for␣i␣in␣range(1, 101, 1):
02	␣␣␣␣if i%2 == 0:
03	␣␣␣␣␣␣␣␣print(i,'偶数です')
04	␣␣␣␣else:
05	␣␣␣␣␣␣␣␣print(i)

・・

問題3

5から0までカウントダウンし，0になったら「はじめ！」と表示させるプログラムを作成しなさい。

解答例

01	for␣i␣in␣range(1, 7, 1):
02	␣␣␣␣count = 6 - i
03	␣␣␣␣if count == 0:
04	␣␣␣␣␣␣␣␣print('はじめ！')
05	␣␣␣␣else:
06	␣␣␣␣␣␣␣␣print(count)

問題1

配列 a を a = [34, 52, 11, 40, 17] と定義し，この配列 a の要素の左から 4 番目の 40 を表示させるプログラムを作成しなさい。

解答例

01	a = [34, 52, 11, 40, 17]
02	print(a[3])

問題2

配列 a を a = [34, 52, 8, 10, 17] と定義し，この配列 a の要素の最小値を与えるプログラムを作成しなさい。

解答例

01	a = [34, 52, 8, 10, 17]
02	min = a[0]
03	n = len(a)
04	for␣i␣in␣range(1, n, 1):
05	␣␣␣␣if min > a[i]:
06	␣␣␣␣␣␣␣␣min = a[i]
07	print(min)

問題3

配列 a を a = [34, 52, 8, 10, 17] と定義し，この配列 a の要素のうち，10 より大きい要素の個数を取得するプログラムを作成しなさい。

解答例

01	a = [34, 52, 8, 10, 17]
02	count = 0
03	n = len(a)
04	for␣i␣in␣range(0, n, 1):
05	␣␣␣␣if a[i] > 10:
06	␣␣␣␣␣␣␣␣count = count + 1
07	print(count)

問題 1

変数 r を円の半径として，円の面積を求める関数 circle_area を作成し，半径が 5 のときの面積の値を表示するプログラムを作成しなさい。ただし，円周率は 3.14 とする。

解答例

01	def␣circle_area(r):
02	␣␣␣␣S = r * r * 3.14
03	␣␣␣␣return␣S
04	print(circle_area(5))

・・

問題 2

卵の重さとサイズは右の表のようにして与えられる。卵の重さを変数 weight として，卵のサイズを判定する関数 check_size を作成し，卵の重さが 40g のときの卵のサイズを判定しなさい。

卵の重さ	サイズ
45g 未満	S
45g 以上 55g 未満	M
55g 以上	L

解答例

01	def␣check_size(weight):
02	␣␣␣␣if␣weight < 45:
03	␣␣␣␣␣␣␣␣print('S')
04	␣␣␣␣elif␣weight < 55:
05	␣␣␣␣␣␣␣␣print('M')
06	␣␣␣␣else:
07	␣␣␣␣␣␣␣␣print('L')
08	check_size(40)

4 情報通信ネットワークとデータの活用 （13時間扱い）

単元の目標

　情報通信ネットワークを介して流通するデータに着目し，情報通信ネットワークや情報システムにより提供されるサービスを活用し，問題を発見・解決する活動を通して，次の事項を身に付けることができるよう指導する。

評価規準

知識・技能	①情報通信ネットワークの仕組みや構成要素，プロトコルの役割及び情報セキュリティを確保するための方法や技術について理解している。 ②データを蓄積，管理，提供する方法，情報通信ネットワークを介して情報システムがサービスを提供する仕組みと特徴について理解している。 ③データを表現，蓄積するための表し方と，データを収集，整理，分析する方法について理解し技能を身に付けている。
思考・判断・表現	④目的や状況に応じて，情報通信ネットワークにおける必要な構成要素を選択するとともに，情報セキュリティを確保する方法について考えている。 ⑤情報システムが提供するサービスの効果的な活用について考えている。 ⑥データの収集，整理，分析及び結果の表現の方法を適切に選択し，実行し，評価し改善することができる。
主体的に学習に取り組む態度	⑦情報システムにより提供されるサービスや情報通信ネットワークを目的に応じて適切かつ効果的に活用しようしている。 ⑧データを粘り強く多面的に精査し，データに含まれる傾向を自己調整しながら見いだそうとしている。 ⑨情報セキュリティなどに配慮して情報社会に主体的に参画しようとしている。

指導計画

次	時	主な学習活動
第1次 「情報通信ネットワーク」	1	情報通信ネットワークの構成やしくみについて理解する。
第2次 「情報通信におけるデータのやり取り」	2	安全かつ効率的に利用するためにデータを伝送するしくみや情報通信におけるプロトコルについて理解する。
	3	Webページやメールのしくみについて理解する。
第3次 「安全のための情報技術」	4	通信されるデータを暗号化するプロトコル，デジタル署名やデジタル証明書などの情報セキュリティを確保するためのしくみについて理解する。
第4次 「情報システムとデータベース」	5	生活の中で利用されている情報システムについて理解する。
	6	データベースの種類とそのしくみについて理解する。
第5次 「データの活用」	7	データ分析の流れやデータの種類，データの収集・整理について理解する。

	8	度数分布表やヒストグラム，代表値，箱ひげ図などの，データの整理や分析のための手法について理解する。
	9	データの相関関係や因果関係，疑似相関，回帰直線ついて理解する。
第6次「データの分析実習（統計ポスター制作）」	10～13	生徒自身が興味・関心をもった内容に対して，問題解決に向けた統計ポスターを制作する。（スライドデータは，実習前の第9時までを掲載）

定期テストの作成方針について

「ネットワーク」の単元では，「流れ」を問う問題を出題することが考えられる。例えば，メールをやり取りする際にどのようなプロトコルに従い，どのメールサーバとやり取りしているのか，この一連の流れを理解していることを問いたい。また，「暗号化」の部分では，秘密鍵暗号方式と公開鍵暗号方式の違いやそれらの鍵を用いたデジタル証明書の発行とその確認の流れ（認証局の立ち位置など）も確認したい。

「データベース」の単元では，リレーショナルデータベースの出題が考えられる。データベースの特徴や関係論理演算についての理解を問いたい。生活の中にある情報システムでは，その情報システムを知らない生徒でも解けるものである必要があるため，そのシステムの特徴やシステムが機能するための流れを対話文形式でヒントを出しながら出題をする形になるだろう。扱われやすい例としては，POSシステム（ポイントカード，会員カードによりより詳細なデータを収取）や銀行ATM，GPS，新幹線の指定席予約システムが考えられる。また，この内容は，フローチャートに落とし込むことが可能なものもある。本書では，銀行ATMのフローチャートを作成した（第3章第3時）。自身でフローチャートを作成することに苦手意識を感じる場合には，ChatGPTなどの生成AIに頼みフローチャートを作成してもらうとよい。

「データの活用」の単元では，オープンデータを用いて問題を作成したい。特に，データの相関関係や因果関係，回帰直線について扱えるとよい。定期テスト作問時に都合のよいデータを見つけることが困難であるときは，仮想データを作成するのもよい。例えば，「通学時間と成績」，「一日の学習時間と成績」，「国語の成績と数学の成績」といった身近なところで，関係がありそうなものを想定するとよいだろう。なお，この単元については，数学Ⅰの学習内容でもあるため，数学科の先生と連携して取り組むのもよい。ただし，数学と異なる点として，細かな計算を必要としないことにも注意したい。

なおオープンデータについては，下記を参考にするとよい。
・東京都オープンデータカタログサイト（https://portal.data.metro.tokyo.lg.jp/）
・データ庁 e-GOV データポータル（https://data.e-gov.go.jp/info/ja/top）
・SSDSE（教育用標準データセット）（https://www.nstac.go.jp/use/literacy/ssdse/）

また，「オープンデータの活用事例」を調べることで，データが身近なところでどのように活用されているかを知ることができ，問題作成を行う際のヒントともなる。日々さまざまな事例が出てくるため，生徒とともに参照してみるとよいかもしれない。毎年確認をしていくなかで，先生方のストックがたまり，より生活に即した学習内容，試験内容となるだろう。

1 情報通信ネットワーク

単元の目標

・情報通信ネットワークの構成やしくみについて理解する。

本時の評価

知識・技能	① LAN と WAN の違いを，構成する機器を含めて説明することができる。 ②回線交換方式とパケット交換方式の違いを説明することができる。 ③転送時間を求めることができる。
思考・判断・表現	④目的に応じて LAN を構成する情報機器の接続や配置を判断することができる。
主体的に学習に取り組む態度	⑤ネットワークの構成について利用者の立場で問題点を指摘し，最適な方法を調べ，提案することができる。

主体的な活動のためのヒント

・生徒たちの自宅におけるネットワークの構成を書かせ，課題を見いだし改善案を考えさせることで，日常生活との関わりをつくる。

注意すべきポイント

・似ている用語が出てくるので，それぞれの違いを確実に押さえる。

授業展開

◆情報通信ネットワークがないと，スマートフォンで SNS や動画を見たり，電子マネーや銀行の ATM などは利用できない。つまり，情報通信ネットワークは私たちの生活にとって必要不可欠なものである。

◆生徒にとって身近な話題を絡めながら，伝えるとよい。

スライド1「本時の問い」

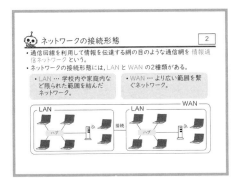

スライド 2「ネットワークの接続形態」

◆ WAN については，イメージしにくいため，丁寧に指導したい。例えば，企業の本社と支店・営業所をつなぐネットワークをイメージするとよい。

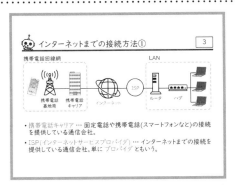

スライド 3「インターネットまでの接続方法 ①」

◆ LAN や WAN を世界規模で繋げたネットワークを**インターネット**という。
◆ 携帯電話やスマートフォンを利用するためには携帯電話キャリア（NTT ドコモ，au など）と呼ばれる事業者と契約する必要がある。

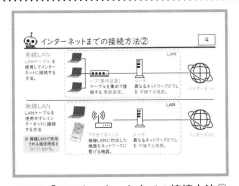

スライド 4「インターネットまでの接続方法②」

◆ 無線 LAN に接続するためには，SSID，暗号化キー，暗号化方式などの情報が必要になる。
◆ 無線 LAN の規格は IEEE802.11 により定められている。
◆ Wi-Fi（Wireless Fidelity の略）とは，情報通信技術に関連している企業が多く所属している団体（Wi-Fi アライアンス）が定めた認証試験をクリアした製品に表示されているもの。

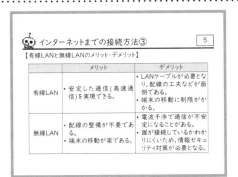

スライド 5「インターネットまでの接続方法③」

◆ 有線 LAN と無線 LAN のメリット・デメリットを生徒に考えさせたい。
◆ カフェやファーストフード店などで利用できる公衆無線 LAN の情報セキュリティについても併せて触れたい。

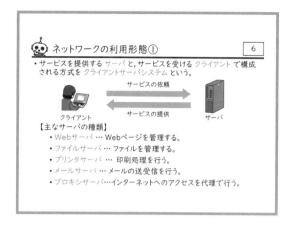

◆「クライアント」や「サーバ」というのは役割の立場を示す言葉であり、そのような専用の機械があるわけではないことに気をつけさせたい。

スライド6「ネットワークの利用形態①」

. . . .

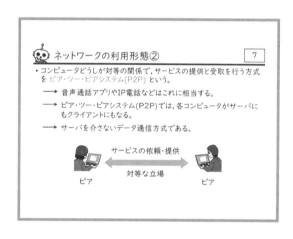

◆普段何気なく使用している音声通話アプリ（LINEなど）やIP電話、ファイル共有ソフト（Winny）などにピア・ツー・ピアシステムは利用されている。

スライド7「ネットワークの利用形態②」

. . . .

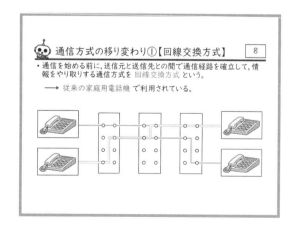

◆図を用いて「回線交換方式」について解説しつつ、メリットとデメリットを生徒が気づかせたい。その際のポイントとしては、「回線を独占して、直に接続している」ことを伝えたい。

スライド8「通信方式の移り変わり①【回線交換方式】」

. . . .

4　情報通信ネットワークとデータの活用

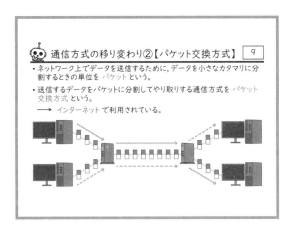

スライド 9「通信方式の移り変わり②【パケット交換方式】」

◆回線交換方式のデメリットを解消するために，パケット交換方式が開発された。

◆スマホや携帯電話の「パケ放題」を導入として入れてもよい。

◆図を用いて「パケット交換方式」について解説しつつ，メリットとデメリットについて生徒が気づかせたい。その際のポイントとしては，「データを細かくしてやりとりいる」ことをに伝えたい。

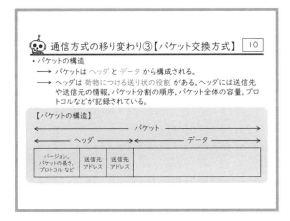

スライド 10「通信方式の移り変わり③【パケット交換方式】」

◆バラバラにされたデータを復元させるためにはどうしたら良いだろうか，と生徒に問いかけてみるとよい。
→順序などを示す標識をつける。

◆ヘッダがあることで，受信側は，パケットから元のデータを復元することができる。

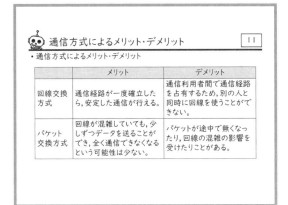

スライド 11「通信方式によるメリット・デメリット」

◆ここでは，スライド 8 ～ 10 で扱った内容をまとめている。

◆本スライドを用いて，回線交換方式とパケット交換方式の違いについて再確認したい。

単位	変換
kbps	1kbps=1000bps
Mbps	1Mbps=1000kbps
Gbps	1Gbps=1000Mbps
Tbps	1Tbps=1000Gbps

◆転送速度は，「1秒あたり」に転送できるデータの量であることを押さえるためにも，per（毎），second（秒）などの意味にも触れておきたい。

◆転送速度を bps で示すことが一般的であるが，B/s（バイト・パー・セカンド）が用いられることもある。

◆情報量の単位の接頭語となる，「k」と「K」の使い方について，説明するとよい。
→ k（キロ）は 1000 倍，K は 1024 倍の意味として使われる。

スライド 12「ネットワークの転送速度」

・・

◆単位を揃えて，計算することを生徒に意識させたい。特に bit（ビット）と Byte（バイト）は混同しやすいので注意が必要である。

◆補足として，次のような問題を扱ってもよい。

問 題 100Mbps の通信速度で，1GB のデータ量を転送するのにかかる時間を求めなさい。ただし，1KB = 1000B，1MB = 1000KB，1GB = 1000MB，転送効率は 80% とし，データ量以外のデータは考えないものとする。

解 答 100 秒

スライド 13「【問題】ネットワークの転送速度」

・・

◆ネットワークの単元では語彙についての細かな違いが問われることが多い。略語で示される用語の元の状態を意識させ，そこからそれぞれの意味を押さえたい。

スライド 14「本時のまとめ」

・・

用語	意味
情報通信ネットワーク	通信回線を利用して情報を伝達する網の目のような通信網。
LAN	Local Area Network の略。複数のコンピュータが限られた範囲内で接続されることで構築されたネットワーク。
WAN	Wide Area Network の略。離れた場所の LAN どうしを接続することで構築されたネットワーク。
インターネット	世界中の LAN や WAN を繋ぐ，世界規模のネットワーク。広義では WAN の１つともいえる。
ISP（インターネットサービスプロバイダ）	Internet Service Provider の略。個人とインターネットの接続を仲介している企業。単にプロバイダと表記されることもある。
ルータ	異なるネットワークどうしを繋ぐための装置。
集線装置 （ハブやスイッチ）	機器どうしをつないで LAN を構築するための装置。ハブは，送られてきた情報をつながるすべての機器に送信し，その取捨選択は機器それぞれが行う。電気信号の減衰や情報損失に対応する機能を備えている。スイッチは，送られてきた情報の宛先を検出し，その機器にのみ情報を送る。ネットワーク全体の負荷を軽減している。
サーバ	各種サービスを提供するコンピュータあるいはソフトウェアを指す。 例：ファイルサーバ，プリンタサーバ，メールサーバなど
クライアント	サーバへ各種サービスを要求する。クライアントとサーバの２つの役割を総称してクライアントサーバシステムという。
IEEE 802.11	アイ・トリプルイー・ハチマルニ・テン・イチイチと読む。 Institute of Electrical and Electronic Engineers 802.11。米国電気電子学会（IEEE）が定めた無線 LAN の国際規格の総称。
回線交換方式	通信方式の一種。送信元から送信先との間で通信方式を予め確立し，情報をやり取りを行う通信方式。一度通信経路が確立すると安定した通信が行える。しかし，１つの回線を複数人が同時に使用することはできない。
パケット交換方式	通信方式の一種。送信するデータを「パケット」という単位に細かく分割し，やり取りを行う通信方式。回線が混雑していても少しずつデータ送ることで，通信が全くできなることはない。
パケット	ネットワーク上でデータを送信するために，データを小さなカタマリに分割するときの単位。データを一定の長さに分割し，ヘッダと呼ばれる宛先などの制御情報を付加したもの。
転送速度	一定時間内に転送できるデータ量。1秒あたりに転送できるデータのビット数を単位 bps（bits per second）で表す。 転送速度〔bps〕＝データ量〔ビット〕÷転送時間〔秒〕
転送効率	転送速度を実現できる割合。ネットワークの利用者やノイズなどを考慮すると，理論上の通信速度よりも遅くなってしまう。 実際の転送速度〔bps〕＝転送速度〔bps〕×転送効率〔%〕÷100

2 情報通信の取り決め

単元の目標

・異なるコンピュータどうしでもネットワークを通して，利用できるように定められた通信プロトコルについて理解する。

本時の評価

知識・技能	①通信プロトコルについて，各プロトコルの役割や通信の階層構造の利便性とともに説明することができる。
思考・判断・表現	②自身のコンピュータやスマートフォンの IP アドレスを確認することができる。
主体的に学習に取り組む態度	③ルーティングテーブルにしたがって，最適な通信経路を選択することができる。

主体的な活動のためのヒント

・問題集などを用いて，実際に通信経路選択を行わせる。

注意すべきポイント

・本単元で扱う「通信プロトコル」は生徒にとって馴染みがないだろう。そこで，生徒どうしでサイン交換などの例を扱い，通信には送り手と受け手との間に，あらかじめ取り決め（ルール）が必要であることを生徒に伝えたい。

授業展開

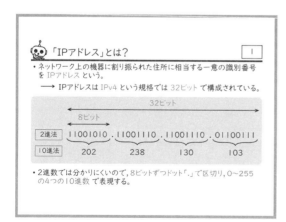

◆IP アドレスを一度は聞いたことがある生徒も少なくない。
そこで，どのような場面で聞いたことあるか生徒に問うてもよい。

◆2 進法により表記された IP アドレスを 10 進数表記すると，0 〜 255 の 256 通りの数字で表記することになる。生徒によっては 256 という数字も利用できると勘違いする場合もあるので，注意させたい。

◆IP アドレスはネットワーク部とホスト部に分けることができる。

スライド 1「IP アドレスとは？」

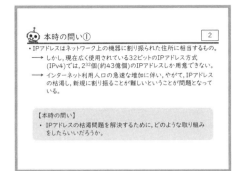

スライド2「本時の問い①」

◆IPアドレスの枯渇問題について，インターネット利用人口の急速な増加のほかにも，インターネットへアクセスできる新たなデバイス（スマートフォンやIoTデバイスなど）が増えたことも要因のひとつであることを生徒には伝えたい。

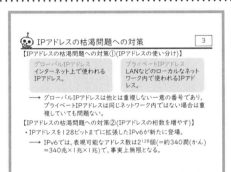

スライド3「IP アドレスの枯渇問題への対策」

◆電話に例えると，グローバルIPアドレスは外線番号，プライベートIPアドレスは内線番号に相当する。
◆IPv6方式のIPアドレスでは，次に示す例のように，16ビットごとに「：（コロン）」で区切り，16進数で表記する。
（例）2001:0db8:85a3:0000:0000:8a
2e:0370:7334

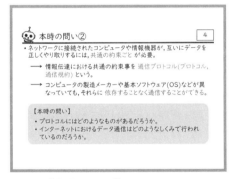

スライド4「本時の問い②」

◆通信プロトコルが存在しなかったら，データを転送するときにどのような問題が起こるか考えさせてもよい。
　→人と人とのコミュニケーションを例にして考えさせてみるとよい。例えば，言語の違い，伝達するメディアの違いなどについて触れるとよい。

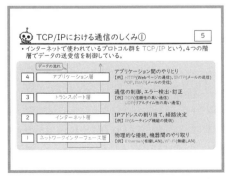

スライド5「TCP/IP における通信のしくみ①」

◆送信者側と受信者側とで順番が異なることに注意させたい。
◆TCP／IP のプロトコル群が各層ごとに分かれている理由を生徒に考えさせたい。
解答例　各層ごとにプロトコルを守ることにより，互いの層内部でどのような処理がなされても，それぞれが正確に動けばシステム全体が機能できる。このような各層の独立性により，システム全体では問題なく機能できる。

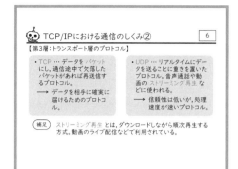

スライド6「TCP/IP における通信のしくみ②」

◆ストリーミング再生は YouTube などでも利用されており，生徒にとっても身近であることが多いと思われる。そのため，普段動画を再生しているとき，どのようにして動画データを取得しているか，生徒に考えさせたい。

スライド7「TCP/IP における通信のしくみ③」

◆スライド6で学習したことをもとにして，TCP と UDP のメリット・デメリットを生徒に考えさせたい。

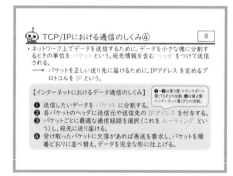

スライド8「TCP / IP における通信のしくみ④」

◆TCP / IP におけるデータ通信の流れを確実に理解させたい。
◆最適な経路を選択することをルーティングというが，この経路はルータ内にあるルーティングテーブルに従っている。

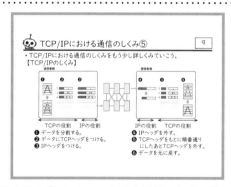

スライド9「TCP / IP における通信のしくみ⑤」

◆TCP / IP におけるデータ通信の流れを図解で理解させる。
◆生徒の学習状況に応じては，スライド8を省略して，いきなり本スライドを説明してもよい。

☠ **本時のまとめ** | 10

- 情報伝達における共通の約束ごとを 通信プロトコル（プロトコル，通信規約）という。
- インターネットで使われているプロトコル群を TCP/IP という。4つの階層でデータの送受信を制御している。

層番号	名称	主な機能	プロトコルの例
4	アプリケーション層	アプリケーション間のやり取り	HTTP，SMTP など
3	トランスポート層	通信制御，エラー検出・データの再送	TCP，UDP など
2	インターネット層	IPアドレスの割り当て，経路決定	IP
1	ネットワークインターフェース層	物理的な接続，機器間のやり取り	Ethernet，Wi-Fi など

スライド10「本時のまとめ」

・・・

本時で学ぶ用語

用語	意味
通信プロトコル	プロトコル，通信規約ともいう。通信するときの必要な手順や，情報の表現と形式などに関する取り決め。
インターネットプロトコロルスイート	インターネットのプロトコルを4つの階層に分け整理したもの。
ネットワークインターフェース層	インターネット層でつくられたデータに対し，通信機器に関する情報通信線を通る信号などの情報を追加する。Wi-FiやEthernet（イーサネット）がある。
インターネット層	送信先を把握し，トランスポート層で作られたデータに対し，IPアドレスの割り当てを行うなど，経路決定を行う。
トランスポート層	TCP（Transmission Control Protocolの略），UDP（User Datagram Protocolの略）など通信制御やエラー検出を行い，誤ったデータや不足したデータがあった際には再送の処理を行う。
アプリケーション層	HTTP（HyperText Transfer Protocolの略），SMTP（Simple Maild Transfer Protocol），POP（Post Office Protocolの略）などアプリケーション間のやり取りに用いる。
アクセスポイント（AP）	Wi-Fiの電波が届かない場合に，使用する機器とWi-Fiの間におくことで，中継を行うもの。
IPアドレス	インターネット上のコンピュータがもつ識別番号。32ビットで構成されるIPv4と128ビットで構成されるIPv6という規格がある。原則として，インターネット上に同じIPアドレスをもつものはない。
グローバルIPアドレス	インターネット上で用いられるIPアドレス。
プライベートIPアドレス	LAN内などのローカルなネットワークで使用されるもの。

3 インターネットとメールのしくみ

・インターネットとメールのしくみについて理解する。

本時の評価

知識・技能	① WWW のプロトコルについて説明することができる。 ②ハイパーテキストについて説明することができる。 ③ Web ページ閲覧の過程を説明することができる。 ④電子メールの送受信の過程を説明することができる。
思考・判断・表現	⑤ IMAP と POP を目的に応じて使い分けることができる。

注意すべきポイント

・似た用語が多いため，それぞれが何に関係するものなのかを確認・整理しながらすすめたい。

授業展開

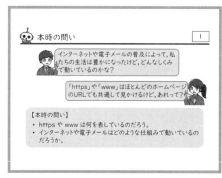

スライド 1「本時の問い」

◆本単元では，2 つ目の問いについて重点的に扱っていく。
◆用語が示すものが，サービスなのかデータなのかプロトコルなのか，言語なのか混同することがないように注意したい。

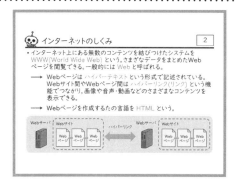

スライド 2「インターネットのしくみ」

◆ WWW はインターネット上にある無数のコンテンツを結びつけられ，それが蜘蛛の巣のように網目模様であることから蜘蛛の巣を意味する Web とも呼ばれている。
◆ Web ページは HTML という言語で記述されている。HTML は Web ページを作成するためのマークアップ言語であり，ブラウザ上で Web ページのソースコードを確認することができる。

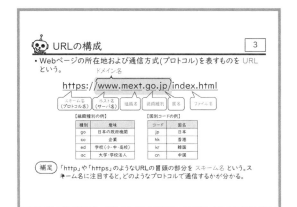

スライド 3「URL の構成」

◆ドメイン名は人間にとってわかりやすいよう IP アドレスに文字列を割り当てたものである。地球上の場所を示す場合も，緯度：35.69150，経度：139.76261 の位置ではなく，東京都千代田区神田錦町 2 丁目 9-1 と表記している。

◆ URL において，ファイル名は省略されることもある。

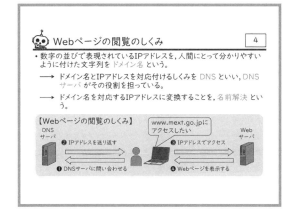

スライド 4「Web ページの閲覧のしくみ」

◆ネットワークでは原則として IP アドレスを使用することが基本であるため，ドメイン名と IP アドレスを対応させなければならない。

◆ DNS サーバにより知らされた IP アドレスをもとに利用者（クライアント）は，Web サーバから Web ページを閲覧することが可能になる。

◆利用者は閲覧したい Web ページの URL のファイル名に，Web サーバと送信元の IP アドレスなどを添付して，パケットとして送信する。その際，インターネット上にあるルータを経由する。

◆ Web サーバは，Web ページのデータを複数のパケットに分割してインターネット上に送信し，複数のルータを介し，ブラウザに Web ページを表示させる。

◆ Web サーバと Web ブラウザ間の情報のやり取りを担うプロトコルは HTTP（または HTTPS）である。

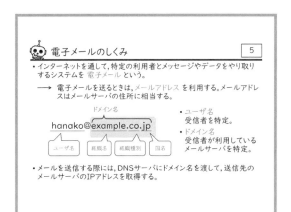

◆メールは，メールアドレスによって指定された受信先へルータを中継して運ばれる。

◆送信に使うサーバをSMTPサーバ，受信に使うサーバをIMAPサーバという。

◆生徒どうしでメールを送り合う実習をさせてもよい。そのときに，宛先の種類（TO，CC，BCC）についても触れたい。

スライド 5「電子メールのしくみ」

・・・

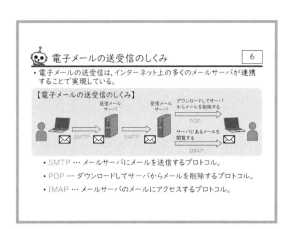

◆POPとIMAPの違いをおさえたい。

◆メールをサーバに残すメリットとデメリットについて生徒に考えさせてもよい。
　→メリット：サーバの容量を圧迫しない。
　→デメリット：複数のパソコンで同じメールアドレスを利用しようとすると，該当のメールを保存しているパソコンと保存していないパソコンが存在してしまう。

スライド 6「電子メールの送受信のしくみ」

・・・

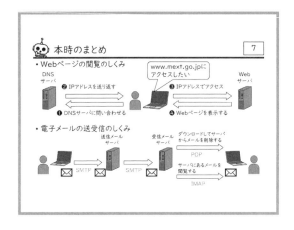

◆Webページは，大まかにはHTMLで書かれるが，色や大きさなど細かな装飾については，CSSという言語により指定されている。

◆Webブラウザは，HTMLやCSSを解釈し，表示する。ブラウザによって解釈が異なり，表示が微妙に異なる場合がある。

スライド 7「本時のまとめ」

・・・

4　情報通信ネットワークとデータの活用

用語	意味
WWW	World Wide Web の略。インターネット上にある無数のコンテンツを結びつけたシステムであり，不特定多数の人へ情報を発信する通信サービス。単に Web ともいう。
HTTP	Hyper Text Transfer Protocol の略。HTML で書かれた情報を扱う通信手段。現在は，より安全に利用できるように HTTP による通信を暗号化したプロトコル HTTPS が用いられるようになった。
Web ブラウザ	Web ページを閲覧するためのプログラム。単にブラウザともいう。
HTML	Hyper Text Markup Language の略。ページの構造やレイアウトを設定し，Web ページを作るための言語。
Web ページ	Web ページは WWW 上で情報が発信される単位である。あるまとまりをもった Web ページの集まりを Web サイトという。
ハイパーリンク	別の場所にある情報どうしをタグと呼ばれる文字列を使って関連付ける機能。音声・静止画・動画などのデータも関連付けられる。HTML によって書かれる。単にリンクともいう。
ハイパーテキスト	ハイパーリンクにより互いに関連付けられたデータのこと。
スキーム名	URL 冒頭の部分。通信プロトコルを指定する。
ドメイン名	IP アドレスをわかりやすくしたもの。個々のコンピュータを識別し，接続先を指定する。
DNS	Domain Name System の略。ドメイン名と IP アドレスを対応させ管理するシステム。クライアントから指定されたドメイン名に対して IP アドレスを階層的に返す。DNS サーバで管理される。
電子メール（E メール）	ネットワークを用い，文字や写真などのデジタル情報を特定の人とやり取りするサービス（システム）。単にメールともいう。
メーラ	メール作成や送受信するソフトウェア。Web ブラウザ上でメールの送受信を行うサービス（Web メール）もある。
電子メールアドレス	電子メールの送り先を指定する。ユーザ名とドメイン名で構成。
SMTP	Simple Mail Transfer Protocol の略。メール送信に使用するプロトコル。使用するサーバを SMTP サーバという。
POP	Post Office Protocol の略。メールの受信に使用されるプロトコル。メーラがサーバからメールをダウンロードし管理するため，サーバにメールが残らない。
IMAP	Internet Message Access Protocol の略。メールの受信に使用するプロトコル。使用するサーバを IMAP サーバという。
CSS	Cascading Style Sheets の略。Web ページのサイズや色，レイアウトなどのデザインを設定するためのプログラミング言語。

4 安全のための情報技術

単元の目標

・情報を安全に取り扱うための技術について理解する。

本時の評価

知識・技能	①暗号化の方式とそのしくみについて説明することができる。 ②デジタル署名のしくみについて説明することができる。 ③電子認証のしくみについて説明することができる。 ④SSL/TLS のしくみについて説明することができる。
主体的に学習に 取り組む態度	⑤情報セキュリティを維持するための対策を自ら進んで行い，改善を図ろ うとしている。

注意すべきポイント

・似た用語が多いため，それぞれが何に関係するものなのかを確認・整理しながらすすめたい。

授業展開

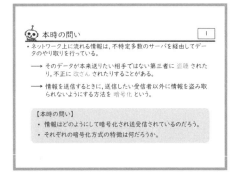

スライド1「本時の問い」

◆他人には知られたくない情報をどのように相手に届けるのかを問うてもよい。

解答例 鍵をかける。送り手と受け手にしかわからない言語で書く。縦読みにする。

◆郵便を例に説明してもよい。「はがき」は郵便局員さんに内容が丸見えであるが「封書」は見えない状態が保持されている。

スライド2「暗号化と信号」

◆第二次世界大戦当時，解読が不可能とされた暗号システムのエニグマについて紹介してもよい。（参考：映画『イミテーション・ゲーム / エニグマと天才数学者の秘密』）

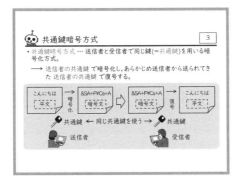

スライド3「共通鍵暗号方式」

◆実用化されている公開鍵暗号方式には
RSA暗号などがある。
◆RSA暗号はその解読に数万年かかると
言われていたが，量子コンピュータの
発達により解読が可能になるのではな
いかという懸念が広がる。その結果，
量子暗号の開発が進められている。

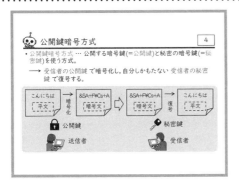

スライド4「公開鍵暗号方式」

◆秘密鍵は自分だけのものであるので，
複数の相手に同じ公開鍵を渡しても問
題ない。ゆえにネットワーク上の多数
の人とのやり取りに向いている。

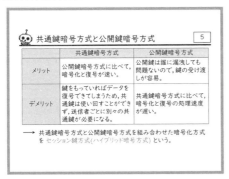

スライド5「共通鍵暗号方式と公開鍵暗号方式」

◆共通鍵暗号方式と公開鍵暗号方式のい
いとこ取りをしたセッション鍵方式は
ハイブリッド暗号方式とも呼ばれる。
共通鍵暗号方式の処理速度の速さと公
開鍵暗号方式の安全性の高さを組み合
わせている。

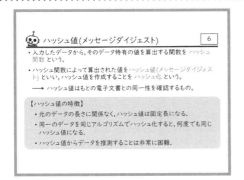

スライド6「ハッシュ値（メッセージダイジェスト）」

◆1文字変わっただけでも全く異なる
ハッシュ値となってしまう。
◆送信者と受信者は同じハッシュ関数を使
用しなければ確認することはできない。
◆ハッシュ値はメッセージダイジェスト
や要約文とも呼ばれる。

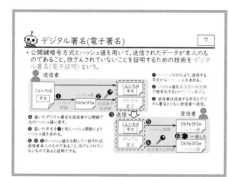

スライド 7「デジタル署名（電子署名）」

◆デジタル署名は秘密鍵を格納した IC カードによって行うため，コンピュータに秘密鍵の情報は残らない。

◆電子署名の役割は，①署名者本人が署名したことの証明，②デジタル文書が改ざんされていないことの確認，である。

◆従来の印鑑が電子署名，印鑑証明が電子証明書となる。

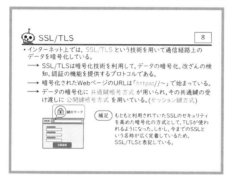

スライド 8「SSL / TLS」

◆従来の電子メールは SMTP や POP，IMAP といったプロトコルで行われていたが，これらは平文を送受信するため情報が漏洩しやすいため，SSL / TLS を用いた暗号化のしくみを取り入れ始めている。

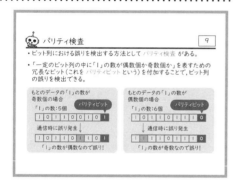

スライド 9「パリティ検査」

◆デジタル情報を通信する途中でノイズが入ると，データを構成するビットの「0」と「1」が入れ替わってしまうことがある。送られたデータに誤りがあるかどうかを検出するしくみが重要となる。

◆誤りを検出する方法として「チェックディジット」がある。これは，一定のルールに従って求められた数字や記号で，バーコードに利用されている。

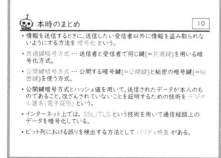

スライド 10「本時のまとめ」

◆本時では扱っていないが，デジタル署名に関連付け「電子すかし」について扱ってもよい。

4 情報通信ネットワークとデータの活用

用語	意味
暗号化／暗号文	送信された情報を第三者が見聞きしてもその内容がわからないようにする技術。その技術で暗号化された文を暗号文という。
平文	暗号化する前の文。
復号	暗号文を平文に戻すこと。
鍵	暗号化や復号に際し使用される一定の規則のこと。ネットワーク上に公開した公開鍵と復号の際に自分だけがもつ秘密鍵がある。
共通鍵暗号方式	暗号化と復号で同じ鍵を使う方式。公開鍵暗号方式と比べて暗号化と復号の処理速度が速い。鍵をもっていればデータを復号できてしまうため、共通鍵は使い回すことができず、送信者ごとに別々の共通鍵が必要になる。
公開鍵暗号方式	暗号化には公開鍵、複合には秘密鍵を使う方式。共通鍵方式と比べて処理速度が遅いが安全性が高い。また、鍵の管理も容易。第三者が復号を行おうとしてもその計算には莫大な時間を要するため現実的ではない。
セッション鍵方式	共通暗号方式の処理速度の速さと公開暗号方式の安全性の高さを組み合わせたもの。ハイブリッド暗号方式とも呼ばれる。
ハッシュ関数	入力したデータから、そのデータ特有の値を算出する関数のこと。この関数により算出された値をハッシュ値という。
ハッシュ値（メッセージダイジェスト、要約文）	平文の特徴的な部分をプログラムにより生成することで元の文を要約した文である。この要約文を復元することはできない。
デジタル署名（電子署名）	デジタル文書の発信者が本人であることを証明し、改ざん防止のために用いられている。秘密鍵をもっている人しかデジタル署名はできず、電子証明書の発行が行われる。
電子証明書（デジタル証明書）	公開鍵と所有者情報に電子署名がなされた証明書。公開鍵の持ち主を証明する。電子署名と電子証明書はセットで必要である。
電子認証	第三者が電子証明書を用いることによって、デジタル署名が本人のものかどうかを証明する技術。
SSL ／ TLS	Secure Socket Layer ／ Transport Layer Security の略。Web ページ上で情報をやり取りする際に用いる暗号化技術。これにより暗号化された Web ページの URL は「https:// ～」で始まる。
電子すかし	デジタルウォーターマークとも呼ばれる。画像や音声データなどさまざまなデータの著作権侵害を防ぐための技術である。画質や音質にはほとんど影響を与えずに著作権情報を埋め込める特徴がある。
パリティ検査	ビット列における誤りを検出する方法。「一定のビット列の中に「1」の数が偶数個か奇数個か」を表すための冗長なビット（これをパリティビットという）を付加することで、ビット列の誤りを検出できる。なお、同じデータ内にビット・エラーが 2 つ以上あると、誤りを検出できなくなる。

5 情報システム

単元の目標

・生活の中で使われている情報技術について理解する。

本時の評価

知識・技能	①POS システム，電子マネー，電子決済のしくみを説明することができる。
主体的に学習に取り組む態度	②生活の中にある情報システムについて調べ，説明することができる。

主体的な活動のためのヒント

・情報システムを利用するにあたってのメリット，デメリットを生徒から引き出すことで，生徒の生活と学習内容を結びつける。

授業展開

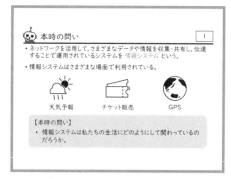

スライド1「本時の問い」

◆情報システムは１つのシステムだけで動くのではなく，複数のシステムが連携して機能し，安心・安全な社会を支えている。

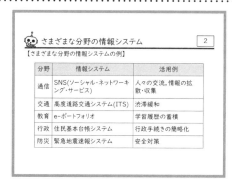

スライド2「情報システム」

◆情報システムを支えるのは，データベース技術である。情報システムで送受信されるデータは蓄積され，分析され，システムの改善などに利用される。
◆予約システム，気象観測システム，銀行の ATM，地図情報システム（GIS）などもある。

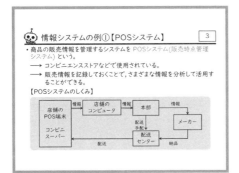

スライド3「情報システムの例①【POSシステム】」

◆より良いサービスを提供し，市場の創造，活性化をはかるために，調査することを**マーケティングリサーチ**といい，それを実行することを**マーケティング**という。

◆POSシステムを活用することによる店舗側と客側のメリットとデメリットを話し合う。

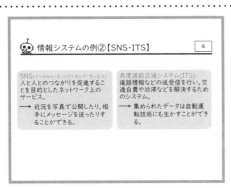

スライド4「情報システム例②【SNS・ITS】」

◆情報システムが身近にあふれている一方で，デジタルデバイド（情報格差）が生じることで生活の質の格差が生まれていることにも言及したい。

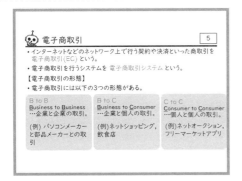

スライド5「電子商取引」

◆B to B，B to C，C to C の例を生徒に聞いてみてもよい。

◆電子商取引には，インターネットバンキングやオンライントレードなどもある。

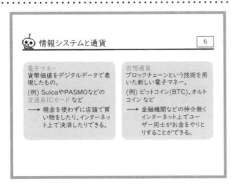

スライド6「情報システムと通貨」

◆電子マネーのメリットやデメリットについて発問したり，話し合わせたりするとよい。
・メリット：衛生的，おつりの計算が不要　など
・デメリット：物理的なものでなく，量に対する意識が難しいため，使い過ぎてしまう　など

スライド7「本時のまとめ」

◆人間の生活をより良いものに変化させるために情報技術を活用することをDX（Digital Transformation）という。また，情報技術の発展の陰に，インターネット依存症などの負の側面も存在していることを押さえておきたい。

本時で学ぶ用語

用語	意味
情報システム	ネットワークで接続された複数の情報機器が連携して1つのはたらきをもつように組み合わされたもの。
SNS	Social Networking Service の略。インターネットを介して，サービスに登録した人どうしが交流できるサービス。
高度道路交通システム（ITS）	Intelligent Transport Systems の略。道路情報などの送受信を行い，交通事故や渋滞などを解決するためのシステム。ETC や VICS（渋滞や事故情報を提供するシステム）や自動運転などの複数のシステムで構成されている。
全地球測位システム（GPS）	Global Positioning System の略。人工衛生からの電波により，地球上の位置を特定するシステム。カーナビゲーションやスマートフォンなどで利用されている。
e-ポートフォリオ	生徒の学習成果や課外活動，取得資格など学内外の活動成果を総括的に記録する（学びのデータ）。指導の改善や進学・就職時の評価材料となる。
住民基本台帳システム	住基ネットと略される。住民の氏名・生年月日・性別・住所などが記載された住民票を編集し，住民の利便性向上と地方公共団体の行政の合理化のために日本全国で共通して導入されたシステム。
緊急地震速報システム	地震により発生するP波とS波の速度の差を用いて，主要動の原因となるS波が迫ってくることを予測するシステム。
ビッグデータ	さまざまな所で得られた多種多量のデータを蓄積したもの。企業の活動や公共サービスの改善などに利用される。
POS システム（販売時点情報管理システム）	Point Of Sales system の略。販売の業界で広く導入されているシステム。コンビニエンスストアなどの各店舗から売り上げなどのデータが本部の情報処理センターに送られ，各店舗に最適な商品を配送され，バランスよく品ぞろえされる。

4　情報通信ネットワークとデータの活用

用語	意味
情報格差	デジタルデバイドともいう。情報技術を使うことができる人と使えない人との間に生じる格差のこと。技術面のほかに，設備の有無などや障がいの有無も原因となる。また個人間だけでなく，国家間の格差としても扱われる。
オープンデータ	政府や自治体，民間企業が保有する公共性の高いデータを自由に使え，再利用でき，誰もが再配布できるように配布されるデータ。
スマートシティ	情報技術を用いることでサービスを向上し，生活しやすくした街。
電子商取引	インターネットを通じて，さまざまな商品やサービスの取引をすること。ネットショッピング，インターネットバンキング，オンライントレード（証券取引）など。
電子マネー	貨幣価値を電子的なデータで表現したもの。
電子決済	電子マネーを用いた決済方法。事前に預金口座などから専用端末にチャージして利用するプリペイド型とクレジットカードなどを用いて後で支払うポストペイ型がある。
交通系 IC カード	専用の IC チップに貨幣価値データを記録したもの。 例　Suica，PASMO など
コード決済	2 次元コードやバーコードを使った電子決済システム。使用するためにはコードを読み取るためのアプリが必要。
ブロックチェーン	電子マネーとは異なる性質をもつ仮想通貨を取引するための技術。
仮想通貨／暗号通貨	銀行を通さず直接送金することができ，決済に使える店舗もある。国が定めた通貨（法定通貨）でないため価格が大きく変動しやすい。扱いには注意が必要である。
デジタルトランスフォーメーション（DX）	Digital Transformation。情報技術を活用して人々の生活を改善させるもの。Moocs による学習環境の整備やネットショッピングが例として挙げられる。

6 データベース

・データベースの種類とそのしくみについて理解する。

本時の評価

知識・技能	①データベースの意味と必要性を理解している。 ②リレーショナルデータベースの機能と特徴について説明できる。
思考・判断・表現	③ NoSQL とリレーショナルデータベースの特徴を考慮し，格納するデータの性質や量に応じて選択できる。

主体的な活動のためのヒント

・データベースは身近なシステムなどでも利用されているものでもあるが，生徒が実際に目にする機会は少ないことが考えられるため，例などを挙げることでイメージを掴ませるようにしたい。リレーショナルデータベースに関しては，sAccess（https://saccess.eplang.jp/#!index.md）と呼ばれるオンラインの学習ツールを活用するのもよい。

授業展開

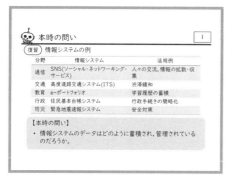

スライド1「本時の問い」

◆情報システムは1つのシステムだけで動くのではなく，複数のシステムが連携して機能し，安心・安全な社会を支えている。

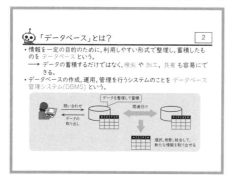

スライド2「「データベース」とは？」

◆1つの対象に対し，情報を一定の形式で示したものを構造化されたデータという。
◆構造化されていないデータを扱うデータベースにて検索を行う場合は，全文検索を行う。
　→サーチエンジンなど。

スライド3「データベース管理システムの機能」

◆可用性：バックアップをとると共にログファイルをのこすことで，障害が発生する直前まで復旧することができるようになる。

◆機密性：ユーザごとにアクセス制御を行うことにより，トラブルの発生を避けることができる。アクセス権限（実行権）は最低限であることが多い。

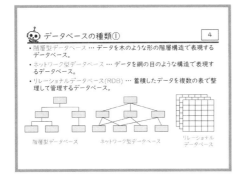

スライド4「データベースの種類①」

◆世界中のWebページよりキーワードを用いて検索を行うデータベースサービスを「サーチエンジン」という。

◆物理的なデータベースの身近な例として辞書が挙げられる。

◆オンラインデータベース，オフラインデータベース，Webデータベースといった区分もある。

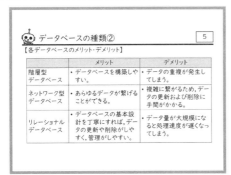

スライド5「データベースの種類②」

◆各データベースのメリット，デメリットを生徒に考えさせることにより，それぞれのデータベースの最適な使用場面を考えさせたい。

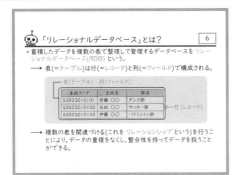

スライド6「「リレーショナルデータベース」とは？」

◆図書館の本がどのように管理されているのか調べてもよい。

◆どのようなものがリレーショナルデータベースで管理するのに適しているかを考えさせる。

◆非構造化データの蓄積には向いていない。この場合はNoSQLを利用する。

◆新たに生成された表を「仮想表（ビュー表）」という。

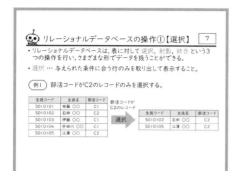

◆データベースの関係から条件に適合したデータを取り出す演算を関係演算という。

◆データ構造はエドガー・F・コッドらにより定義された「正規化」という手法により最適化される。一般的には第三正規化まで行われる。

スライド7「リレーショナルデータベースの操作①【選択】」

. . . .

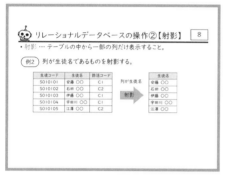

◆ 1) 第一正規化：列（フィールド）にそれ以上分割できない値を入れた後，設定された主キーをもとに，固定部分と繰り返し部分を別の表に分離する。

◆ 2) 第二正規化：複合キーの一部から一意に特定できる項目を，元の表から分離する。

◆ 3) 第三正規化：主キー以外の項目が他の項目を特定する場合に，元の表から分離する。

スライド8「リレーショナルデータベースの操作②【射影】」

. . . .

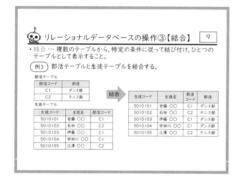

◆「sAccess」（https://saccess.eplanq.jp/#!index.md）を活用する際には，操作方法を説明し，次のような課題を生徒に提示するとよい。なお，プリセットDBはコンビニを利用している。
【課題例】（　）内は解答例
①このお店で一番高い商品は何か。
　（煎茶百年）
② 1番売れていない商品は何か。
　（ゆずはちみつ茶）

スライド9「リレーショナルデータベースの操作③【結合】」

. . . .

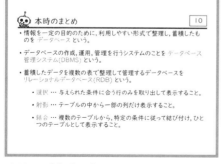

◆発展的な学習として，時間に余裕があれば，SQLやNoSQLについても扱ってもよい。

スライド10「本時のまとめ」

. . . .

4　情報通信ネットワークとデータの活用

用語	意味
データベース	大量のデータを一定の規則により整理し，蓄積したデータ群。
データベース管理システム（DBMS）	Database Management System の略。データベースの作成，運用，管理を行うシステム。データベースサーバにより複数人で共通して利用することもできる。SQL という言語での指示が多い。
データ資源管理機能	データの情報をその意味や種類，記録場所により定義し管理する機能。
整合性制約機能	データベースの重複や不正なデータの登録・更新を防ぐことで，データベースへの操作が正しく行われていることを保証する機能。
セキュリティ機能	ユーザごとに一定の操作の許可(実行権の付与)をし，その他のユーザには利用を制限する機能。
トランザクション管理機能	データベースの更新作業を行う一連の処理（トランザクション）を行うときに，システム全体に矛盾が生じないよう制御を行うこと。停電などによる通信異常が生じ，いずれかの処理が実行できなかった際には一連の処理をすべてキャンセル(ロールバック処理)して更新内容を破棄する。
サーチエンジン	世界中の Web ページからキーワードを使用して検索を行うデータベースサービス。
階層型データベース	データを樹形図による階層構造で表現するデータベース。
ネットワーク型データベース	データを網目状の構造で表現するデータベース。
オンラインデータベース	ネットワークに接続することにより複数のユーザがリアルタイムで利用することができるデータベース。
Web データベース	DBMS を Web サーバにつなぎ，データの送受信を Web 上で行うもの。OS に関係なく利用することが可能である。
オフラインデータベース	データが保存されている個々のコンピュータだけで操作を完結するデータベース。
リレーショナルデータベース／RDB	行(レコード)と列(フィールド)で構成された表(テーブル)とよばれる形式でデータを格納する形式。表に対し，結合，選択，射影という操作を行い，さまざまな形式でデータを扱える。
主キー	行を特定するのに必要な項目。
結合	複数の表で共通すキーをもとに，項目を結びつけ新たに 1 つの表（仮想表）として表示する。
射影	表の一部の列だけを表示する。
選択	与えられた条件に適する行のみを取り出して表示する。
仮想表（ビュー表）	元の各表から共通項目を関連付け，それぞれの表から他の項目を参照して作られた新たな表。
NoSQL	Not only SQL の略。RDB 以外のデータベース管理システムの総称。データの形が複数存在するデータに対し，そのままの形で核のすることができ，拡張性や柔軟性が高い。

7 データの収集と整理

・データ分析の流れやデータの種類，データの収集・整理について理解する。

本時の評価

知識・技能	①データ分析の流れについて説明することができる。 ②オープンデータの定義や検索方法について説明することができる。 ③データの尺度水準について説明することができる。 ④テキストマイニングについて説明できる。
思考・判断・表現	⑤データを量的データと質的データに分類することができる。 ⑥欠損値や異常値などについての理解をもとに，データクレンジングを行うことができる。
主体的に学習に取り組む態度	⑦データ分析の流れについての理解をもとに，データの収集や整理を行おうとしている。 ⑧オープンデータを閲覧・検索できるサイトを利用し，必要なデータを収集しようとしている。

主体的な活動のためのヒント

・データの種類や尺度水準については，生徒にとってはあまり耳馴染みのない言葉が多いことが想定されるが，データそのものはどれも身近なものであるため，しっかりと例を提示しながら説明していきたい。

授業展開

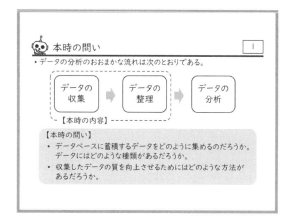

◆「データ分析」というと少し身構えてしまうかもしれないが，データを収集・整理し，それを分析する行為は，日常生活でも行っていることであることを意識させたい。

例
・部活動でのタイム測定や試合結果の分析
・欲しいものを買うときの事前調査 など

スライド1「本時の問い」

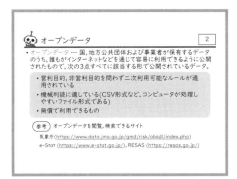

スライド2「オープンデータ」

◆オープンデータは，基本的に誰でも無償で自由に利用することができる。それはもちろん生徒も例外ではない。

◆ e-Stat や RESAS などのサイトを利用して，実際にオープンデータを閲覧したり，データをダウンロードして，内容を確認したりするとよい。

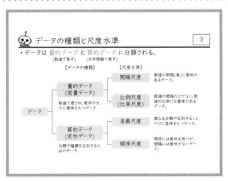

スライド3「データの分類」

◆まずは量的データと質的データという大まかな分類について，確実に理解させたい。

◆量的データは数値で表されるもの，質的データは文字情報で表されるものであるというポイントをしっかりと押さえ，例を出して生徒に分類させるとよい。

スライド4「量的データ（定量データ）」

◆量的データは，さらに間隔尺度と比例尺度に分類できる。

◆尺度水準についてはあまり耳馴染みがないことが想定されるが，それぞれの例の特徴を比べることで，しっかりと違いを理解させたい。

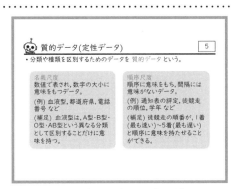

スライド5「質的データ（定量データ）」

◆質的データは，さらに名義尺度と順序尺度に分類できる。

◆スライド4と同様に，こちらもそれぞれの例の特徴を比べることで，しっかりと違いを理解させたい。

◆順序尺度と間隔尺度の違いについても押さえておきたい。

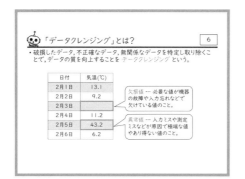

スライド6「「データクレンジング」とは？」

◆欠損値や異常値を考慮せずにそのまま分析を行ってしまうと、期待した結果が得られないことが考えられるという点にも触れておきたい。

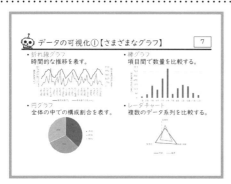

スライド7「データの可視化①【さまざまなグラフ】」

◆データを可視化する方法として、箱ひげ図や散布図（相関図）などもある。（4章第8時，第9時参照）

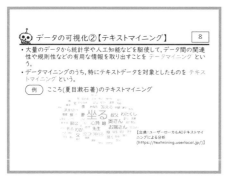

スライド8「データの可視化②【テキストマイニング】」

◆テキストマイニングの分析では形態素解析を用いる。

◆形態素解析では、テキストデータを形態素と呼ばれる言語の最小単位で区切る。例えば、「私は情報Ⅰの授業が好きです」を形態素解析すると「私」「は」「情報Ⅰ」「の」「授業」「が」「好き」「です」となる。

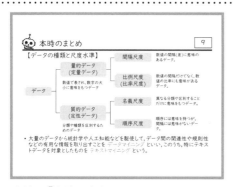

スライド9「本時のまとめ」

◆本時のまとめとして、次のような問題を取り上げてもよい。

問題
次の①〜④に示したデータは、どの尺度水準に分類されるか。
① 時刻　　②　アメリカの州名
③ 重さ　　④　テストの順位

解答
①間隔尺度　　　　　　②名義尺度
③比例（比率）尺度　　④順序尺度

用語	意味
オープンデータ	国や地方公共団体，研究・教育機関や企業が保有するデータで，インターネットを通じて誰もが入手し利用できるように公開されたデータ。機械判読に適したデータ形式で，二次利用が可能な利用ルールで公開されたデータであり，人手を多くかけずにデータの二次利用を可能とするものである。e-Stat や RESAS など。サイトで閲覧やダウンロードが可能である。
量的データ（定量データ）	数値で表され，数字の大小に意味をもつデータのこと。データはこの量的データと質的データの二つに大きく分類できる。また，量的データはさらに間隔尺度と比例尺度の二つに分類できる。
質的データ（定性データ）	分類や種類を区別するための文字情報で表されたデータのこと。データはこの質的データと量的データの二つに大きく分類できる。また，質的データはさらに名義尺度と順序尺度に二つに分類できる。
間隔尺度	数値の間隔（差）に意味があるデータのこと。比例尺度とは異なり，数値の比率には意味をもたない。（例：時刻，気温，西暦，学年など）
比例尺度（比率尺度）	数値の間隔と比率にそれぞれ意味があるデータのこと。（例：長さ，重さ，時間など）
名義尺度	順序や大小などのない，分類や区別のためだけの意味をもつデータのこと。（例：血液型，性別，氏名など）
順序尺度	順序には意味をもつが，間隔には意味をもたないデータのこと。（例：通知表の評定値，順位，服のサイズなど）
データマイニング	統計学や人工知能を駆使し，大量のデータからデータ間の関連性や規則性などの有用な情報を取り出すこと。マイニング（mining）とは，採掘という意味である。鉱山（mine）から有用な資源を採掘するように，大量のデータから有用なデータをとりだすことに由来している。
テキストマイニング	自由に記述されたテキストデータのなかから有用な情報を取り出すこと。データマイニングの一種。テキストマイニングを行うためには，前処理として形態素解析という作業を行う必要がある。
形態素解析	テキストデータを形態素（言語の最小単位）で区切る作業のこと。テキストマイニングでは，形態素解析によって区切られた形態素を利用する。
データクレンジング	破損したデータや不正確なデータ，無関係なデータなどを特定し，適切な処理を行うこと。正確な分析を行うためには，データクレンジングを正しく行うことが重要である。
欠損値	機器の故障や入力忘れなどにより，必要であるにも関わらず欠けてしまっている値のこと。
異常値	入力ミスや測定ミスにより生じた，極端な値やあり得ない値のこと。
外れ値	異常値ではないが，ほかのデータの値から大きく離れてしまっているデータ。

8　データの活用①

授業展開

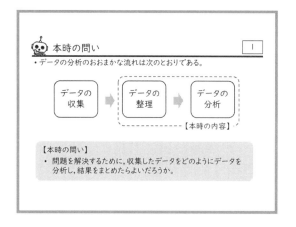

◆前時ではデータの収集について学習した。本時では，その収集したデータをどのように整理したり，分析したりしたらよいかを学習する。

スライド1「本時の問い」

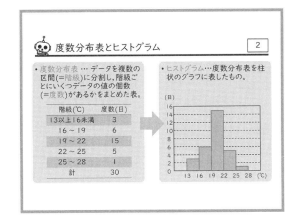

◆度数分布表やヒストグラムを利用すると，各データの大小や分布などがわかりやすくなる。

◆度数分布表におけるデータを分割する区間の幅は「**階級の幅**」，各階級の中央の値は「**階級値**」と言われる。

◆ヒストグラムでは，棒の高さで各階級の度数を表している。

スライド2「度数分布表とヒストグラム」

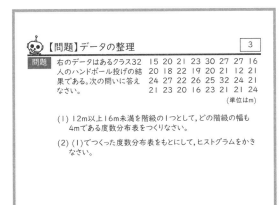

◆本問では階級の幅を4mとしたが，階級の幅を変えて度数分布表やヒストグラムを作成して違いを比較してみるのもよい。

スライド3「【問題】データの整理」

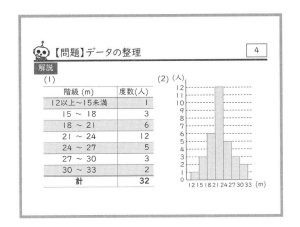

◆スライド3のようにデータが羅列されているだけよりも，度数分布表やヒストグラムにまとめた方が，各データの大小や分布などが分かりやすくなることを確認する。

◆実際にスライド3に示した問題のデータにはどのような特徴があるかを読み取らせてもよい。

スライド4「【問題】データの整理」

・データの分布の特徴を表す数値を **代表値** という。
・すべてのデータの合計を,データの個数で割った値を **平均値** という。
・最も個数の多い値を **最頻値(モード)** という。
・データを小さい順に並べたとき,中央の位置にくる値を **中央値(メジアン)** という。
・表計算ソフトウェアによる統計量の求め方

統計量	関数名	書式
平均値	AVERAGE関数	=AVERAGE(範囲)
最頻値	MODE関数	=MODE(範囲)
中央値	MEDIAN関数	=MEDIAN(範囲)

◆データの散らばりが大きい場合や,外れ値が存在する場合,平均値は影響を受けやすいが,中央値や最頻値は影響を受けにくい。
　→例えば,日本の世帯年収を例に挙げて,平均値,中央値,どの値を考えるべきなのか,生徒に考えさせてもよい。
◆データの個数が偶数のときは,中央にくる2つの値の平均値が中央値となる。
◆最も個数の多い値が複数存在する場合,それら全てが最頻値となる。

スライド5「データの代表値」

・・・

四分位数 　6

・データを小さい順に並べたとき,4等分する位置にくる数を **四分位数** という。下位から25%の位置にあるデータを **第1四分位数(Q₁)**,50%の位置にあるデータを **第2四分位数(Q₂)**,75%の位置にあるデータを **第3四分位数(Q₃)** という。

（補足）第2四分位数は中央値である。

・表計算ソフトウェアによる統計量の求め方

統計量	関数名	書式
第1四分位数	QUARTILE.INC関数	=QUARTILE.INC(範囲,1)
第2四分位数	QUARTILE.INC関数	=QUARTILE.INC(範囲,2)
第3四分位数	QUARTILE.INC関数	=QUARTILE.INC(範囲,3)

◆第2四分位数は中央値と等しい。
◆データを小さい順に並べる必要があることに注意する。
◆データ全体の中央値と同じく,前半や後半のデータの個数が偶数になる場合も,2つの値の平均値を中央値とする。

スライド6「四分位数」

・・・

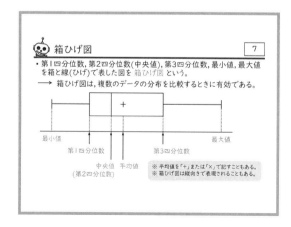

箱ひげ図 　7

・第1四分位数,第2四分位数(中央値),第3四分位数,最小値,最大値を箱と線(ひげ)で表した図を **箱ひげ図** という。
　→ 箱ひげ図は,複数のデータの分布を比較するときに有効である。

◆最大値,最小値は表計算ソフトウェアを用いるとそれぞれ「=MAX(範囲)」,「=MIN(範囲)」で求めることができる。
◆箱ひげ図は表計算ソフトウェアを用いて作成することができる。
◆平均値を「×」で表すこともある。

スライド7「箱ひげ図」

・・・

4　情報通信ネットワークとデータの活用

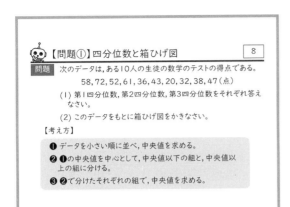

スライド8「【問題】四分位数と箱ひげ図」

◆手順にしたがうと，次のとおり。
❶20，32，36，38，43，47，52，58，61，72
❷中央値（第2四分位数）は43と47の平均値である45
❸中央値以下の組の中央値である第1四分位数は36，中央値以上の組の中央値である第3四分位数は58

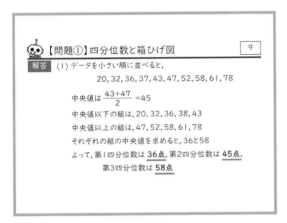

スライド9「【問題】四分位数と箱ひげ図」

◆四分位範囲で区切られた範囲の中には同じデータ量が含まれていることを意識させたい。
◆箱ひげ図を描いたときに，範囲が狭く表されている部分はデータの密度が高いということである。

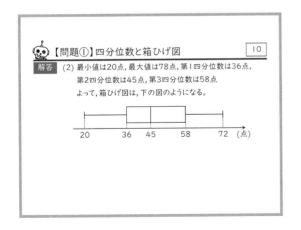

スライド10「【問題】四分位数と箱ひげ図」

◆36〜45点の部分が最もデータの密度が高いとわかる。一方，20〜36点や58〜72点の部分は分散しているともわかる。

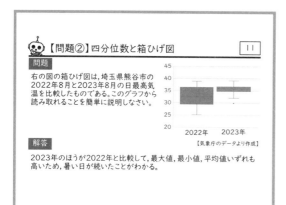

◆共通テストを意識すると，箱ひげ図が作成できることよりも，読み取りできることのほうが重要である。
◆本スライドでは埼玉県熊谷市の2022年8月と2023年8月の日最高気温を扱っているが，それ以外にも10年前，20年前，…のデータと比較したり，他の地域とも比較させたりしてもよい。（データは気象庁のホームページからダウンロードできる。）

スライド11「【問題②】四分位数と箱ひげ図」

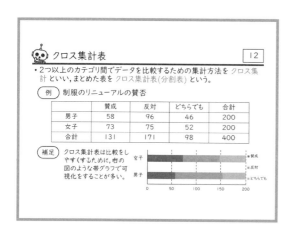

◆データを集計する方法として，**単純集計**と**クロス集計**がある。
◆単純集計…各項目ごとに集計する方法。全体の傾向をつかむのに利用できる。
◆クロス集計…項目ごとの相互関係をつかむのに利用できる。

スライド12「クロス集計表」

◆可能ならば数学で「データの分析」について学習をしてから本内容に入るとスムーズである。
◆情報Ⅰにおいては，箱ひげ図を描けるようになるよりも，読み取ることができるようになることが重要である。問題集などを用いて，箱ひげ図の読み取り練習をすると共通テスト対策にもなる。

スライド13「本時のまとめ」

用語	意味
度数分布表	データを一定の区間（階級）ごとに分割し，分割された各階級に含まれる値の個数（度数）をまとめた表のこと。度数分布表を利用すると，各データの大小や分布などがわかりやすくなる。
ヒストグラム	度数分布表を棒状のグラフに表したもの。棒の高さで各階級の度数を表しているため，各データの大小や分布などが度数分布表よりも更に視覚的にわかりやすくなる。
平均値	データの分布の特徴を表す代表値の一つ。すべてのデータの合計をデータの個数で割った値。表計算ソフトウェアでは，AVERAGE 関数を使って求めることができる。外れ値の影響を受けやすい。
最頻値（モード）	データの分布の特徴を表す代表値の一つ。データのなかで最も個数の多い値。もっとも個数の多い値が複数存在する場合，それら全てが最頻値となる。度数分布表においては，最も度数の多い階級の階級値のことを指す。表計算ソフトウェアでは，MODE 関数を使って求めることができる。平均値に比べ，外れ値の影響を受けにくい。
中央値（メジアン）	データの分布の特徴を表す代表値の一つ。データを小さい順に並べた際に，中央の位置にくる値。データの個数が偶数の場合，中央にくる2つの値の平均値が中央値となる。 表計算ソフトウェアでは，MEDIAN 関数を使って求めることができる。 平均値に比べ，外れ値の影響を受けにくい。
四分位数	データを値の大きさの順に並べたとき，その値の個数を4等分する位置にくる値のこと。小さい順に，**第1四分位数**，**第2四分位数（中央値）**，**第3四分位数**という。
箱ひげ図	最小値，第1四分位数，第2四分位数（中央値），第3四分位数，最大値といったデータの分布を箱と線（ひげ）で表した図のこと。 複数のデータの分布を比較したい場合に有効である。
クロス集計	複数の属性や質問項目などで掛け合わせて，それぞれの選択肢に該当する度数を集計し，クロス集計表（分割表）にまとめる方法であり，項目間の相互関係を明らかにする際に用いられる。
単純集計	各項目に該当する選択肢の集計や全体における比率集計し，単純集計表の形にまとめる。全体の傾向をつかむときなどに利用される。

9 データの活用②

単元の目標

・データの整理や分析のための手法について理解する。

本時の評価

知識・技能	①分散や標準偏差，相関関係について説明できる。 ②テキストマイニングについて説明できる。
思考・判断・表現	③データの代表値や分散，標準偏差を求めることができる。 ④散布図からデータの相関関係を読み取ることができる。
主体的に学習に 取り組む態度	⑤適切な手法を用いてデータを整理し，整理されたデータを読み取ることでデータの傾向を分析しようとしている。

主体的な活動のためのヒント

・数学（統計）的な要素の多い単元となるため，苦手意識のある生徒にも取り組んでもらえるよう基本的なところから丁寧に説明していきたい。余裕があれば，実際に自分たちでデータを整理したり分析したりするような例題を解く時間を多めにとれるとよい。

授業展開

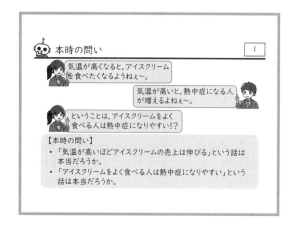

◆気温とアイスクリームの売上，アイスクリームの売上と熱中症を題材にして，生徒の興味関心を引き付けたい。

スライド1「本時の問い」

4 情報通信ネットワークとデータの活用

184

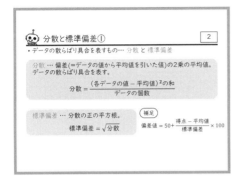

スライド2「分散と標準偏差①」

◆平均値と中央値が同じデータであっても，データの分布（散らばり度合い）は異なることも多い。分散や標準偏差は，データの分布を表す値である。

◆データの散らばりが小さい（平均値のまわりに集まっている）ほど，分散や標準偏差の値は小さくなる。

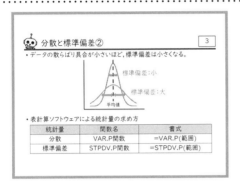

スライド3「分散と標準偏差②」

◆分散や標準偏差は，平均値を中心とした散らばりの度合いを把握するための指標である。

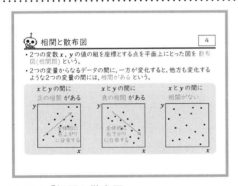

スライド4「相関と散布図」

◆本スライドで扱っている図は，散布図と呼ばれるものであり，2つの変量の関係性を把握するのに適している。

◆ここでは，散布図から，正の相関，負の相関について理解させる。
例えば，身長と体重には正の相関がある，駅からの距離と家賃との関係には負の相関がある，などと具体例を混ぜて説明するとよい。

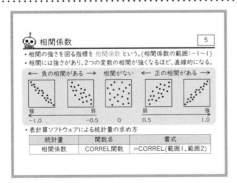

スライド5「相関係数」

◆相関係数は，表計算ソフトウェアなどを利用すると簡単に求めることができる。

◆相関係数が1に近いほど，散布図は右上がりの直線に近い分布となり，相関係数が−1に近いほど，散布図は右下がりの直線に近い分布となる。

◆数学Ⅰの「データの分析」では，相関係数の求め方について扱うが，ここでは，散布図から相関係数のおおよその値をつかむことのみとした。

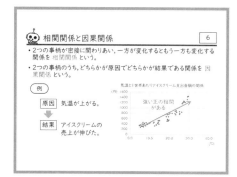

スライド6「相関関係と因果関係」

◆2つのデータのどちらにも関係がある別の要因が存在し、その要因が変動した結果、2つのデータに相関関係が生じているような場合、この別の要因のことを「交絡因子」という。

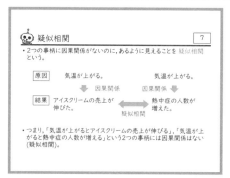

スライド7「疑似相関」

◆相関関係があっても因果関係があるとは限らないため、データを分析する際には、分析の対象となる2つのデータに「交絡因子」が存在しないかどうかなどに注意する必要がある。

◆因果関係を立証するための規律。
規律1　共変性があること。
規律2　原因が結果より先に生じていること。
規律3　交絡因子を排除していること。

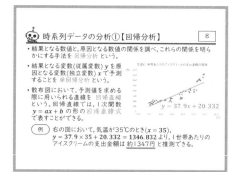

スライド8「時系列データの分析①【回帰分析】」

◆ここでは回帰分析について扱うが、教科書によっては扱われていないものもあるため、生徒の理解度に応じて対応して欲しい。

◆単回帰分析の例として、気温と1世帯あたりのアイスクリーム支出金額の関係を扱ったが、それ以外にも生徒自身に相関がありそうな2つの変数を考えさせ、オープンデータをもとに単回帰分析を行うのも良いと思う。

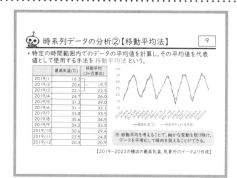

スライド9「時系列データの分析②【移動平均法】」

◆移動平均法は共通テスト試作問題の参考問題にて扱われている。

◆平均をとる長さを変えることで、短期的な傾向から長期的な傾向まで把握することができる。

◆移動平均を求めるときに、単位とする期間を長くするほど、グラフの凹凸の度合いが緩やかになる。

4　情報通信ネットワークとデータの活用

◆分散や標準偏差を求める際の計算は大変であるが，表計算ソフトウェアを利用し，数式の入力やグラフの作成についての実習を行いたい。

◆時間があれば，相関行列・散布図行列について扱ってもよい。

スライド10「本時のまとめ」

. . . .

本時で学ぶ用語

用語	意味
偏差	個々の数値と平均値との差。個々のデータが平均値から偏っている程度を表す値の一つ。
分散	データの散らばりの度合いを表す値の一つ。偏差の2乗の平均値。 データの散らばりが小さいほど，分散の値は小さくなる。
標準偏差	データの散らばりの度合いを表す値の一つ。 分散の正の平方根。データの散らばりが小さい（平均値のまわりに集まっている）ほど，標準偏差の値は小さくなる。
相関関係	2つの事柄が密接に関わりあい，一方が変化するともう一方も変化する関係のこと。一方が増加するともう一方も増加するような場合は正の相関が，一方が増加するともう一方は減少するような場合は負の相関があるという。
相関係数	相関の強さを図る指標。相関係数は−1〜1の間で表され，相関係数が1に近いほど正の相関が強く，−1に近いほど負の相関が強くなる。また，0に近いほど相関がないといえる。
因果関係	2つの事柄のうち，どちらか一方が原因，もう一方が結果となる関係のこと。
疑似相関	2つの事柄に実際には相関関係がないにも関わらず，相関関係があるように見える関係のこと。2つの事柄が，因果関係にある同じ原因によって変化する場合，2つの事柄には因果関係はないにも関わらず，まるで相関関係があるように見えることがあるため注意が必要である。
回帰分析	結果となる数値と，原因となる数値の関係を調べ，これらの関係を明らかにする手法。予測やシミュレーションの分野で利用されている。
単回帰分析	結果となる変数 y を原因となる変数 x で予測すること。
回帰直線	散布図において，予測値を求める際に用いられる直線。回帰直線は1次関数 $y=ax+b$ の形で表され，これを**回帰直線式**という。
移動平均法	特定の時間範囲内でのデータの平均値を計算し，その平均値を代表値として使用する手法。

さくいん

わ

英数

【参考文献】
文部科学省，（2018），高等学校学習指導要領（平成 30 年告示）解説 情報編』，開隆堂出版．
国立教育政策研究所（2021），「指導と評価の一体化」のための
学習評価に関する参考資料 高等学校 情報
赤堀侃司 他（2022）．新編情報 I．東京書籍
赤堀侃司 他（2022）．情報 I Step Forward!．東京書籍
萩谷昌己 他（2022）．高校情報 I Python．実教出版
萩谷昌己 他（2022）．高校情報 I JavaScript．実教出版
萩谷昌己 他（2022）．最新情報 I．実教出版
萩谷昌己 他（2022）．図説情報 I．実教出版
本郷健 他（2022）．実践 情報 I．開隆堂
坂村健他（2022）．高等学校 情報 I．数研出版
坂村健他（2022）．情報 I Next．数研出版
黒上晴夫 他（2022）．情報 I．日本文教出版
黒上晴夫 他（2022）．情報 I 図解と実習―図解編．日本文教出版
黒上晴夫 他（2022）．情報 I 図解と実習―実習編．日本文教出版
山口和紀 他，（2022）．高等学校 情報 I．第一学習社

※書籍内の参照元の URL を記載の箇所は，すべて 2024 年 2 月 1 日最終閲覧。

監修者・著者紹介

監修者

藤原　進之介（ふじわら　しんのすけ）

代々木ゼミナール講師。

株式会社数強塾代表。武田塾教務部情報課課長や，河野塾 ISM 情報科講師も兼任。大学在学中の 20 歳の頃から学習塾を起業し，プロ講師 80 名以上を率いるチームを構築。日本初の情報科大手予備校講師として，2022 年より東進ハイスクール・東進衛星予備校講師となり，講座構築や全国模試に携わる。2024 年から代々木ゼミナールに移籍。企業研修・作問実績多数。累生徒数は 2500 名以上。YouTube や Twitter 等で精力的に情報発信中。近著に『藤原進之介のゼロから始める情報 I』。

◆情報 I は藤原進之介に聞け IT パスポートと数字の学び直しチャンネル

著　者

斎藤　昴（さいとう　すばる）

代々木ゼミナール・学びエイド・佐鳴予備校「情報科」講師。

教員・学校支援 TKM 合同会社代表。教育学部を卒業後，私立中高一貫校や専門学校で講師として働きつつ「学校の先生のみかた」をと、会社を設立。学内塾の運営，教材や試験問題の作成サポートを行っている。公式 LINE で情報 I についての情報発信を行っている。

◆公式 LINE「情報 I　共通テスト対策」

渥見　友章（あつみ　ともあき）

普連土学園中学校・高等学校 情報科教員。

公立高校や私立中高一貫校の数学科・情報科の教員などを経て現職。「分かりやすく，実力のつく楽しい授業」をモットーに，さまざまな学力層の生徒に対して指導をしている。また，情報 I の共通テスト模試や対策教材の企画・開発にも携る。好きな動物はひつじ。

◆数学科・情報科の教材置き場

『スライドで見る全単元の授業のすべて　高等学校　情報 I 』付録資料について

本書の付録資料は，東洋館出版社ホームページ内にある「マイページ」からダウンロードすることができます。なお，本書のデータを入手する際には，会員登録および下記に記載しているユーザー名とパスワードが必要になります。入手の方法は以下の手順になります。

【東洋館出版社 HP】

URL https://www.toyokan.co.jp 　 東洋館出版社 検索

❶東洋館出版社オンラインのトップページにある「人型アイコン」をクリック

❷会員の方はご登録のメールアドレスとパスワードを入力しログイン，未登録の方は新規会員登録後ログイン

❸マイアカウントページにある「ダウンロードページ」をクリック

❹対象の書籍をクリック。下記記載のユーザー名，パスワードを入力　クリック

ユーザー名：jouhou01
パスワード：AL6YuGzW

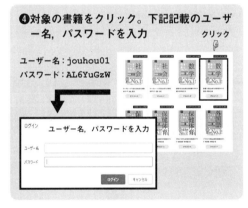

【使用上の注意点および著作権について】

・リンク先にはパソコンからアクセスしてください。スマートフォンではファイルが開けないおそれがあります。

・PowerPointファイルを開くためには，Microsoft PowerPointがインストールされている必要があります。

・収録されているファイルは，著作権法によって守られています。

・著作権法での例外規定を除き，無断で複製することは法律で禁じられています。

・収録されているファイルは，営利目的であるか否かにかかわらず，第三者への譲渡，貸与，販売，頒布，インターネット上での公開等を禁じます。

・ただし，購入者が学校での授業において，必要枚数を生徒に配付する場合は，この限りではありません。ご使用の際，クレジットの表示や個別の使用許諾申請，使用料のお支払い等の必要はありません。
学習塾等の営利目的で印刷，複製を希望なさる場合は，東洋館出版社（tyk@toyokan.co.jp）までお問い合わせください。

【免責事項・お問い合わせについて】

・ファイル使用で生じた損害，障害，被害，その他いかなる事態についても弊社は一切の責任を負いかねます。

・お問い合わせは，次のメールアドレスでのみ受け付けます。tyk@toyokan.co.jp

・パソコンやアプリケーションソフトの操作方法については，各製造元にお問い合わせください。

内容校正：吉田拓也（東大寺学園中学校・高等学校）
装　　丁：小口翔平＋嵩あかり（tobufune）
イラスト：部谷拓海
編　　集：石川夏樹

スライドで見る全単元の授業のすべて

高等学校 情報Ⅰ

2024 年 4 月 1 日　初版第 1 刷発行

監 修 者：藤原進之介
著　　者：斎藤　昴，渥見友章
発 行 者：錦織圭之介
発 行 所：株式会社東洋館出版社
　　　　　〒101-0054　東京都千代田区神田錦町 2 丁目 9 番 1 号
　　　　　　　　　　　コンフォール安田ビル 2F
　　　　　（代　表）　電話 03-6778-4343 ／ FAX 03-5281-8091
　　　　　（営業部）　電話 03-6778-7278 ／ FAX 03-5281-8092
　　　　　振　　替　00180-7-96823
　　　　　U　R　L　https://www.toyokan.co.jp

印刷・製本：藤原印刷株式会社

ISBN978-4-491-05153-6　　　　　　　　　　Printed in Japan